ENQUANTO TENTAVA SER AMADA

Feridas que falam, fé que resgata, amor que reconstrói

EDIÇÃO Vinicius Oliveira
ASSISTENTE EDITORIAL André Esteves
ARTE Vinicius Oliveira e Silvia Andrade
REVISÃO E PREPARAÇÃO André Esteves
AQUISIÇÃO Joice Feitoza

Catalogação na publicação
Elaborada por Bibliotecária Janaina Ramos – CRB-8/9166

E99e

Ezequiel, Alexandra
Enquanto tentava ser amada / Alexandra Ezequiel. – Santo André-SP: Samaria, 2025.
160 p.; 14 × 21 cm
ISBN 978-65-5245-062-3
1. Vida cristã. I. Ezequiel, Alexandra. II. Título.

CDD 248.4

Índice para catálogo sistemático
I. Vida cristã

SAMARIA
EDITORA

Editora Samaria
Rua da Fonte, 275 - 09040-270 - Santo André, SP.

editorasamaria.com.br
lojadasamaria.com
facebook.com/editorasamaria
instagram.com/editorasamaria

ENQUANTO TENTAVA SER AMADA

Feridas que falam, fé que resgata, amor que reconstrói

ALEXANDRA EZEQUIEL

SAMARIA
EDITORA

Conteúdo

Dedicatória

Inicio dedicando a Deus, Aquele que me encontrou ainda ferida e me chamou de filha antes de qualquer cura.

Àquela menina que fui, que por tantos anos só queria ser vista, e que hoje entende: o amor que permanece não grita, abraça.

Aos meus pais, pelas sementes plantadas, mesmo em meio a tantas faltas. A dor também educa. E hoje posso olhar com mais compaixão para os espaços que vocês também não conseguiram preencher.

Aos meus filhos, João Guilherme e Ana Beatriz, por serem luz nos meus dias mais escuros. Vocês foram minha razão para continuar quando tudo parecia sem sentido. Que esta história os inspire a nunca mendigar amor onde ele não é genuíno.

À minha família, de sangue e de escolha, por caminharem comigo mesmo quando minhas cicatrizes ainda estavam expostas.

Aos amigos de alma, aqueles que chegaram para somar e não exigiram perfeição. Vocês foram cura disfarçada de gente.

E, se me permite um espaço muito especial...

A você, que leu este livro com o coração aberto, talvez entre lágrimas, talvez entre memórias.

Você é parte desta jornada agora.

Minha oração é que este livro tenha sido não apenas uma leitura, mas um reencontro com a sua própria história.

Prefácio

Quem não quer ser amado? Esse é o desejo mais profundo de todo ser humano. Aliás, mais do que do ser humano: toda a criação aguarda que o Amor se manifeste em forma de cuidado. Este livro fala dessa jornada ao encontro do Amor, uma travessia que passa pelas rejeições, feridas e experiências marcantes de mulheres e homens da Bíblia, como Raquel, Tamar, Ana e José. Pessoas como eu e você, que vivem debaixo do olhar dos céus. No sofrimento, tendemos a nos sentir sós e desamparados, mas é nesse caminho que descobrimos maturidade e verdade, reveladas pelos processos e pela perseverança.

Alexandra, de forma profunda e íntima, expõe dores invisíveis, mas reais, de quem se sente rejeitado e desvalorizado. Ao costurar histórias bíblicas com palavras vivas, ela nos coloca diante de nós mesmos, mas também diante do Amor de Deus em cada ferida. Este é um livro que nos faz soluçar, parar, orar, clamar e prosseguir. Como pastora, sei bem que, em uma geração focada na imagem, escondemos o que de fato sentimos. São dores que adoecem o corpo e a alma e que precisam ser reveladas à luz do Amor.

Hadassa, na verdade, somos nós. Uma mulher, um nome hebraico, uma murta: arbusto simples, mas que exala perfume ao ser esmagado. Assim é a cura, só existe quando a ferida é vista, aberta e tratada.

Este livro fala de descortinamento. Fala de um Deus que ama nosso todo e não rejeita nossas sombras. Fala do poder de transformação quando somos encontrados pelo Amor do Abba. O que importa não é o que fizeram conosco, mas o que fazemos com o que nos fizeram. E Deus é especialista em transformar pranto em riso, tristeza em alegria, como anuncia o profeta Isaías.

Convido você a seguir até o fim desta jornada e descobrir que já é — e sempre foi — amado. Desde a eternidade, o Abba já tinha pensamentos de amor a seu respeito. Não precisamos provar nada para sermos amados; só precisamos nos lançar em Seus braços.

Obrigada, querida Alexandra, por sua sensibilidade e coragem.

Pastora Laura Rocha
Costa Valentim

Introdução

Antes que você desista de ler

Este não é um livro de autoajuda.

Não é uma biografia completa.

Tampouco é um romance.

É a travessia de uma alma. De alguém que, como tantas outras, sonhava viver em cores, mas precisou aprender a caminhar em meio a rabiscos.

Escrevo para quem, assim como eu, já passou noites tentando entender por que não bastava. Por que, mesmo se esforçando tanto, não era suficiente para segurar o amor de ninguém. Escrevo para quem já sorriu por fora enquanto se partia por dentro. Para quem coleciona perguntas sem resposta. Para quem já aceitou migalhas achando que era banquete. Para quem um dia acreditou que amor era para os outros, não para si.

Este livro nasceu de lágrimas, de silêncios, de orações. Nasceu da dor, sim. Mas também de encontros. Encontros com Deus, comigo mesma, e com a verdade que Ele foi costurando em cada parte que eu julgava perdida.

Quando decidi colocar essas palavras no papel, não foi para contar uma história perfeita. Não foi para que me vissem como alguém que superou tudo, que agora tem todas as respostas. Longe disso.

Escrevo porque ainda estou no caminho.

Porque aprendi que os processos mais profundos não acontecem do lado de fora, mas no quarto secreto da alma.

E porque sei que muitas outras mulheres e homens carregam correntes que ninguém vê. Correntes que não fazem barulho, mas que pesam. Correntes de rejeição, de abandono, de solidão.

Hadassa foi o nome que escolhi para simbolizar essa jornada. Ela nasceu órfã. Era uma jovem comum, sem uma história brilhante. Mas Deus viu o que ninguém via. E a levantou como rainha, não para que fosse admirada, mas para que libertasse.

E é esse espírito que me move aqui: escrever para que alguém se levante. Para que alguém saiba que não precisa mais rastejar por um amor que fere. Que não precisa mais viver tentando provar seu valor.

Talvez você já tenha pensado em fechar livros assim. Já tenha lido frases que pareciam bonitas, mas que não alcançavam o lugar real da sua dor. Por isso quero te dizer: aqui, não vou maquiar sentimentos. Não vou dizer que tudo vai se resolver de um dia para o outro.

Mas vou te mostrar que existe caminho. Existe cura. Existe um Deus que vê cada lágrima escondida e que não tem pressa, mas também não desiste de você.

Este livro é um convite: caminhe comigo. Capítulo a capítulo, memória a memória. Não porque eu tenha uma estrada perfeita a te mostrar, mas porque sei o quanto é difícil caminhar sozinho.

E quando, no meio da leitura, você sentir que não aguenta mais, que mexer em certas dores é pesado demais, respire. Feche os olhos. Ore. E lembre: Hadassa também achava que não suportaria. Mas ela suportou. Não por força própria, mas porque Deus estava com ela.

Assim como está com você. Assim como esteve comigo.

Então fique.

Permita-se sentir.

Permita-se lembrar, chorar, ser tocado.

Porque só quem enfrenta as sombras é capaz de ver a luz com mais clareza.

Bem-vindo. Aqui começa uma travessia que não será apenas minha. Será nossa.

Com amor e esperança,

Alexandra

Capítulo 1

A menina invisível

Ela se sentava no degrau da frente da casa como quem esperava o que já sabia que não viria. Não havia promessas sussurradas, nem esperanças reais para alimentar aquele anseio. Mas ela esperava mesmo assim. Porque, no fundo, toda criança acredita que em algum momento o amor pode mudar de ideia e voltar.

Aos sete anos, já entendia que havia lares que não aqueciam. Seus pais haviam se separado e a mãe fora embora, deixando para trás uma casa com teto e paredes, mas sem som de afeto. Sem cheiro de café fresco, sem voz chamando pelo seu nome, sem mãos entrelaçadas com as dela. Cresceu como quem se acostuma com a ausência. Sua mãe estava viva, mas ausente. Presente, mas indiferente. Não havia abraços, nem palavras de afirmação, nem o simples gesto de preparar uma refeição para a filha. Nada. E isso foi, aos poucos, moldando a menina em algo mais duro, mais fechado, mais silencioso.

Ela não se lembrava de ter ouvido um "eu te amo". Nunca soube o sabor da comida da mãe, nem o calor de um colo nos dias difíceis. Quando caía e se machucava, aprendia a levantar sozinha. Quando chorava, fazia isso para dentro, porque ninguém viria perguntar o motivo. E, se porventura o choro escapasse, recebia apenas um olhar cansado e indiferente.

Ela tinha uma esperança infantil, acreditava que, assim como em um conto de fadas, algo inesperado mudaria para sempre a sua história. E esperou isso, fantasiando em seu imaginário durante toda a infância. Mas isso nunca aconteceu.

A rejeição infantil é como uma rachadura invisível no alicerce da alma. Ela não aparece nas fotos de família nem nos boletins da escola. Mas está lá, moldando a forma como a criança vai amar, confiar, trabalhar e até mesmo orar. Hadassa cresceu com essa fissura. E passou anos sem saber nomear o que sentia.

Dados reveladores vêm reforçar essa realidade: a rejeição e a negligência emocional não são experiências isoladas, mas parte de um quadro alarmante e amplamente reconhecido. Milhares de crianças, como Hadassa, crescem cercadas por ausências afetivas profundas, muitas vezes ignoradas pelo próprio ambiente familiar e social.

A ciência confirma o que sua alma já gritava: a rejeição ativa as mesmas áreas cerebrais da dor física. É por isso que, quando uma criança é ignorada, humilhada ou preterida, ela não apenas "fica triste", ela sente dor real. Dor que o tempo não cura sozinho.

A rejeição não é uma falha individual. É um desafio coletivo, um problema estrutural que se esconde nos silêncios das famílias, nas ausências não ditas, nas dores que ninguém vê. Mas há esperança: a cura emocional é possível. Ela começa no acolhimento, na escuta, na reconstrução de vínculos. Começa quando compreendemos, com o coração aberto, que nenhuma criança — absolutamente nenhuma — é invisível aos olhos de Deus.

Foi a partir dessa dor, e dessa esperança, que Hadassa foi crescendo. E, com o tempo, entendeu que, se quisesse manter algum laço com a família materna, teria que construir sozinha essa ponte. Era ela quem escrevia cartas, fazia ligações, buscava saber se estavam bem. Foi assim, inclusive, que descobriu que tinha irmãos. A mãe não contara. Não achou necessário. A menina só soube porque insistiu. Porque perguntou. Porque queria pertencer a algo.

As cartas que escrevia eram cheias de esperança, mas raramente tinham resposta. Era como lançar garrafas ao mar, com mensagens que talvez ninguém lesse. Mas ela escrevia mesmo assim. Insistia. Como quem luta para não apagar de vez o último fósforo em uma noite gelada.

Ninguém precisa ensinar a uma criança como se sente quando não é amada. Ela sabe. Ela sente na pele, na alma. E, inevitavelmente, se molda a isso.

Hadassa aprendeu cedo a não pedir demais. A não esperar elogios, nem carinho, nem explicações. Ela se tornou aquilo que o abandono, com suas mãos cruéis, esculpe: forte por fora, mas profundamente frágil e delicada por dentro. Uma casca rígida sobre uma alma que ansiava por um toque gentil.

Seu mundo era feito de silêncios e tentativas. Tentativas de ser vista. De ser escolhida. De ser suficiente.

Não sabia ainda que tudo aquilo que lhe faltava, mais tarde, se transformaria em fome. Fome de ser aceita. Fome de ser amada. E que essa fome, se não for curada, faz a gente aceitar qualquer migalha, qualquer colo, qualquer falso abraço. A ausência de amor nos primeiros anos da vida deixa um buraco, e onde há buraco, haverá sede. Sede de aprovação. Sede de ser o que o outro precisa, mesmo que isso custe quem você é.

O mais cruel da rejeição materna não é a dor que ela provoca no momento. É a fundação torta que ela instala na alma. É crescer acreditando que o problema está em você. Que você não merecia amor. Que você nasceu errada.

Talvez, se tivesse sido mais bonita. Ou mais quieta. Ou mais esforçada. Talvez, então, fosse amada. Era esse o tipo de pensamento que lhe acompanhava dia após dia, como uma sombra. E mesmo quando ela sorria, era por fora. Por dentro, era silêncio, dor e medo de não agradar, de dizer ou fazer algo errado. E isso silenciava suas expressões e a sua voz.

Na Bíblia, há uma figura parecida com ela. Um jovem que também foi esquecido pela própria casa. Quando o profeta Samuel foi ungir o novo rei de Israel, dirigiu-se à casa de Jessé. Chamou os filhos. Apresentaram-se todos, menos um. Davi, o mais novo, o que cuidava das ovelhas, sequer foi lembrado. Era um invisível também. Um não cogitado. Um "provavelmente não".

Mas foi exatamente esse que Deus escolheu.

E talvez haja nisso uma mensagem silenciosa e poderosa: Deus vê aqueles que o mundo esquece.

Hadassa foi esquecida por muitos. Mas jamais por Deus.

Aos quinze anos, ainda carregando as dores da infância, teve um encontro que mudou tudo. Era só uma gincana de jovens. Uma programação simples, como tantas outras. Mas naquele dia, naquela simplicidade, algo tocou sua alma de um jeito que ela nunca havia sentido. Não era um amor qualquer. Era um amor que a chamava de filha. E, pela primeira vez, ela acreditou que era verdade.

O coração, tão acostumado ao esforço, experimentou o descanso. Ela não precisava provar nada. Nem se explicar. Nem se justificar. Apenas existir. Apenas ser amada.

Pela primeira vez, ela não teve mais o desejo de pedir a morte, mas passou a querer viver e a enxergar sentido na vida, algo que até então ela não conseguia.

E esse foi o ponto de partida. Não da cura completa, porque ela ainda teria muitos caminhos pela frente, mas da esperança de que existia cura.

É possível sobreviver sem amor. Mas não se vive de verdade sem ele. Hadassa sobreviveu por muitos anos. Mas aquele encontro, aos quinze, plantou nela uma certeza: havia mais. Havia outro jeito. Havia um Deus que não ignorava a menina invisível. Que via, que ouvia, que se importava.

As marcas da infância ainda doeriam. Haveria recaídas, dúvidas, noites difíceis. Mas agora havia algo diferente dentro dela, um eco poderoso. Uma voz que sussurrava "você é minha", e essa voz foi mais forte que todas as outras.

Hoje, ao olhar para trás, ela não vê mais apenas a dor. Vê o caminho. Vê o fio. Vê a mão de Deus onde antes só havia abandono.

A menina invisível não desapareceu. Ela cresceu. Mudou. Renasceu. E agora, ela escreve. Para que outras meninas — outras pessoas — invisíveis saibam: você não está só.

Carta ao leitor

Se você chegou até aqui, quero te agradecer.

Não pelo tempo, mas pela coragem. Coragem de ler palavras que talvez se pareçam com as suas. Coragem de não fingir que não dói.

Eu não sei seu nome. Mas sei o que é ter um nome e ainda assim se sentir invisível. Sei como é tentar agradar para ser notado. Sei o esforço de esconder a tristeza para não dar trabalho.

Sei como é abraçar alguém torcendo para que aquele abraço dure um pouco mais. E sei como é se acostumar com a ideia de que talvez nunca dure. Mas também sei o que acontece quando Deus entra no quarto da alma e acende a luz.

A dor não some de repente. As lembranças não evaporam. Mas algo muda: a forma como você se enxerga.

É isso que te deixa mais forte, mais resiliente, capaz de seguir em frente apesar das cicatrizes.

Você começa a entender que não era culpa sua. Você começa a perceber que o amor verdadeiro não grita, não exige, não condiciona. Ele simplesmente permanece.

Se você, em algum momento da sua vida, foi a menina invisível, ou o menino que ninguém viu, saiba que Deus nunca te ignorou.

Ele sempre soube o seu nome. Ele sempre viu o que ninguém quis ver. E agora, Ele te trouxe até aqui. Não por acaso. Talvez, como eu, você esteja iniciando um recomeço.

Talvez ainda esteja no campo, como Davi, esperando que alguém te chame. Ou talvez esteja apenas tentando acreditar que é possível ser amado de verdade.

Seja qual for sua estação, só quero te dizer uma coisa:

Você não está sozinho. E sua história ainda não acabou.

Com carinho,

Hadassa

(e tantas outras meninas invisíveis que hoje escrevem para viver.)

Capítulo 2

A migalha e o beijo

Raquel acreditava que o amor precisava ser conquistado. Não porque alguém lhe ensinara isso com palavras, mas porque a vida lhe ensinara com ausências.

Sem a experiência de receber amor de forma gratuita, seu coração carregava uma dívida oculta, repetindo: “Tenho que ser mais para merecer amor”.

Raquel carregava essa dívida. Era como um imposto invisível sobre cada gesto, sorriso e olhar trocado. E a adolescência foi o campo onde esse padrão se enraizou ainda mais.

Havia um rapaz da vizinhança. Frequentavam a mesma igreja. Era bonito, popular e parecia, em alguns momentos, se interessar por ela. Não assumia nada, não prometia nada, mas lhe dava o que mais ansiava: atenção.

Os beijos trocados em silêncio, longe dos olhos alheios, eram, para Raquel, como um oásis no deserto da rejeição que havia conhecido. Não importava que não houvesse compromisso. Não importava que ele nunca a apresentasse como alguém importante. Importava apenas que, por alguns instantes, ela se sentia vista. Desejada. Existente.

Mas o oásis revelou-se miragem. Não demorou muito até que o mesmo rapaz, que jamais a assumira, apresentasse publicamente uma outra jovem, recém-chegada, alguém que ele não hesitou em apresentar como namorada.

A notícia caiu sobre Raquel como um golpe seco. Não era só sobre perder alguém que jamais tivera. Era sobre a confirmação de uma ferida antiga: não sou suficiente.

Era a mãe que nunca disse "eu te amo". Era a criança que esperava em vão por um abraço. Era a menina invisível, agora beijada e descartada.

A dor foi profunda. Mas não foi a última.

Nos anos seguintes, o padrão se repetiria. Relacionamentos iniciados sem alicerce. Palavras bonitas que não se sustentavam. Pessoas que surgiam com promessas implícitas e desapareciam sem explicação. Cada história dessas cavava um pouco mais o buraco da fome afetiva. E, inconscientemente, Raquel tentava compensar.

Se era doce demais, era rejeitada por parecer dependente. Se era distante, era esquecida. Se entregava-se, era usada. Nada parecia bastar.

O que Raquel não sabia ainda é que fome não se sacia com qualquer alimento. E sede de amor não se resolve com migalhas. Quanto mais se aceita pouco, menos se acredita que merece muito. Ao se contentar com migalhas, ela, inadvertidamente, minava a própria percepção de merecimento, aceitando cada vez menos e, por consequência, acreditando que pouco era tudo o que lhe cabia.

Na Bíblia, há uma mulher chamada Raquel que traz ecos dessa mesma busca. Embora profundamente amada por Jacó, viveu na sombra de sua irmã, Lia. O amor de Jacó não lhe bastava; ela ansiava por filhos. "Dá-me filhos, ou morrerei!", chegou a dizer. Era o grito da alma que não sabe descansar no que já tem. Era o eco de um coração que acredita que precisa sempre fazer mais, conquistar mais, provar mais.

Assim também era a jovem Raquel da nossa história. Não sabia simplesmente existir. Não sabia apenas ser. Sentia que precisava fazer, e muito, para ser aceita.

Essa lógica cruel a fazia aceitar homens que não a escolhiam de verdade. A fazia insistir em vínculos frágeis. A fazia tolerar desrespeitos velados. A fazia sorrir para evitar perder o pouco que julgava ter. Porque quem cresceu com pouco amor teme perder até o pouco que recebe. Pois quem cresceu com escassez de amor teme perder até as migalhas que recebe.

Foi um tempo de muitas lágrimas solitárias. De noites em que, deitada, revia mensagens, repassava conversas, buscava falhas em si mesma.

"Talvez eu tenha sido carente demais."

"Talvez não tenha sido interessante o suficiente."

"Talvez eu devesse ter esperado mais."

Mas não era sobre ela. Era sobre padrões enraizados. Era sobre repetir, sem perceber, a dinâmica da infância: tentar ser boa o bastante para ser amada.

O mais cruel é que essa busca nunca termina bem. Porque a pessoa que mendiga afeto sempre acaba se sentindo culpada pelo abandono que sofre.

Anos mais tarde, Raquel escreveria em seu diário: "Aceitei migalhas porque não sabia o sabor de um banquete. Tolerei ausências porque fui ensinada a viver com elas. Hoje sei que o amor que me cabe não vem como prêmio de esforço, mas como presente de um Pai que me vê inteira".

Esse entendimento, porém, ainda não havia nascido naquela fase. Por ora, Raquel seguia repetindo o ciclo: esperança, entrega, frustração. Mas cada queda estava, sem que ela soubesse, cavando um espaço para a verdade. E a verdade, um dia, romperia as correntes.

Ainda não era o tempo da cura. Mas era o tempo da fome exposta. E fome exposta é o primeiro passo para desejar um alimento que realmente sacia.

Se você, ao ler isso, se vê um pouco em Raquel, respire. Não se culpe por ter desejado ser amado. O desejo é legítimo! Mas o que não é legítimo é viver se contentando com o que fere.

Há um amor que não exige performance. Há um abraço que não some depois do beijo. Há um Deus que te chama pelo nome e que te diz: "Você não precisa mais mendigar amor".

Este foi um tempo doloroso. Mas foi também o início de uma nova sede: não por qualquer amor, mas pelo Amor que liberta.

E esse caminho...

...ainda estava só começando!

O espelho de Raquel: amada, mas sempre em falta

Raquel é bela, escolhida e profundamente amada por Jacó. Mas mesmo sendo o centro do afeto de seu marido, ela vivia em comparação constante com sua irmã Lia, a menos desejada, porém fértil. Raquel tinha o amor de um homem, mas sentia que isso não bastava. Seu coração clamava por mais. Por filhos. Por afirmação. Por resultado.

Como já citado, sua alma gritou "Dá-me filhos, ou morrerei!" (Gênesis 30:1). Um grito que revela não apenas um desejo materno, mas uma alma faminta por reconhecimento. A dor de quem acredita que precisa fazer, conquistar, entregar, para finalmente merecer o que deseja. E quando o amor, ainda que real, não preenche, nasce um vazio difícil de nomear.

Essa Raquel, como a da nossa história, vivia sob o peso do "quase". Quase suficiente. Quase feliz. Quase completa.

Ela tinha o que muitas sonhavam, mas, ainda assim, faltava. Porque quando crescemos sob a sombra da rejeição, a alma se torna um poço sem fundo. Por mais que se receba, nada parece suficiente. E então o amor vira cobrança. A bênção vira angústia. E a comparação sufoca a identidade.

Mas mesmo essa Raquel foi lembrada por Deus. Ele ouviu seu clamor, enxergou sua dor e lhe respondeu. Porque o Pai que ama também cura as distorções do amor humano. E mostra, com ternura e firmeza, que não precisamos provar nada para sermos amados.

A Raquel da Bíblia e a Raquel da nossa história são mulheres reais. Com lágrimas, com sede, com tentativas. Ambas aprenderam que o amor verdadeiro não nasce do merecimento, mas da graça. E que só o olhar de Deus é capaz de desfazer os espelhos distorcidos da comparação.

Carta ao leitor

Se você chegou até aqui e sentiu um aperto no peito ao reconhecer traços da sua história na de Raquel, quero te dizer uma coisa: você não está sozinho.

Nem errado. Nem é fraco. Você só está ferido, e feridas precisam de cuidado, não de julgamento.

Talvez você também tenha aprendido, sem palavras, que o amor precisa ser merecido. Que carinho se conquista. Que presença se compra com esforço. E talvez, por isso, tenha vivido ou esteja vivendo relacionamentos desequilibrados, em que você dá tudo e recebe quase nada. Em que você é escolha de última hora, resposta adiada, atenção fragmentada. Talvez tenha confundido migalhas com banquete e carência com conexão.

Raquel acreditava que precisava fazer mais para ser amada, e quantos de nós também crescemos com essa ideia? Só que o amor verdadeiro não cobra entrada nem exige performance. Ele acolhe, permanece. Ele vê você exatamente como é e, ainda assim, escolhe ficar.

Se você já sentiu que só é amado quando está "funcionando", agradando, sorrindo, se moldando, talvez seja hora de silenciar essas vozes. Não para esquecer o que viveu, mas para lembrar quem você é: alguém que merece amor inteiro, presença constante, vínculos reais. Você não precisa provar seu valor. Ele já existe. Está em você. Está na sua história. Está no simples fato de você ser.

A dor que Raquel sentiu, essa dor silenciosa de esperar por algo que nunca chega, não é o fim da jornada. É só a parte em que a alma grita por um amor que cure, e não que repita o abandono. E se esse grito ecoa em você, ouça: há um amor que não falha. Um

Pai que não troca você. Um lugar onde você não precisa mais competir, implorar ou se diminuir.

Talvez você ainda esteja no tempo da fome, como Raquel. Mas essa fome, quando reconhecida, é o início da cura. Porque só quem reconhece a carência é capaz de desejar o que realmente preenche.

Não tenha medo de desejar mais. Mais respeito. Mais verdade. Mais amor. Só não aceite menos do que o amor de Deus já te ofereceu: um amor sem medidas, sem condições, sem "se" e "mas".

Você é mais do que o que tentaram te convencer.

Você é escolha. Você é digno. Você é amado.

Com verdade e ternura,

Raquel

(e todos os que aprenderam que o amor não é prêmio; é presença.)

Capítulo 3

Vestes roubadas na casa de Deus

Miriã amava a Casa de Deus. Desde muito jovem, ela havia encontrado na igreja um refúgio. Não apenas um lugar de culto, mas um lar. Um espaço onde seus pés descalços podiam pisar com esperança. Onde seus olhos cansados ganhavam novo brilho. Onde seu coração, tantas vezes invisível para o mundo, era visto, ouvido, usado.

Ela era dedicada. Presente. Obediente. Quando a maioria apenas frequentava, ela servia. Quando muitos desistiam diante das lutas, ela permanecia. Havia nela uma entrega genuína, uma chama acesa. Miriã não servia por status, servia por amor.

Mas nem sempre o altar é justo com quem o honra. A liderança que ela via como voz de Deus na terra não enxergava nela uma filha. A tratava como ferramenta. Ou, pior: como ameaça.

Em um tempo em que expulsar demônios era parte da rotina dos obreiros, Miriã era sempre deixada de lado. Mesmo sendo zelosa, prudente e cheia de fé, não lhe davam espaço. Não a chamavam. Não a escolhiam. Era como se o mesmo olhar que a vida lhe negara na infância agora lhe fosse negado na Casa de Deus.

A dor cresceu. Ela suportava as exclusões em silêncio, achando que, talvez, ainda não fosse suficientemente digna. Tentava se ajustar. Tentava não parecer carente. Tentava sorrir quando, por dentro, sangrava.

Lembrava do episódio em que se sentara ao lado de um amigo, também membro da igreja. Era uma amizade pura, leve, como tantas outras. Mas, na reunião seguinte, o pastor lançou indiretas. "Obreiro que quer namorar precisa passar por mim antes." Era como se dissesse: "Eu te vejo. E não gosto do que vejo".

E o que doía não era a bronca, era a injustiça. Miriã não estava fazendo nada errado. Mas, naquele sistema, nem a intenção era tolerada. O controle se disfarçava de cuidado. A opressão, de zelo.

O tempo passou. A chama de Miriã começou a vacilar. Ela queria cultuar, não apenas servir. Queria alimentar a alma, não apenas executar funções. E, com o coração pesado, procurou sua líder. Contou que precisava de um tempo para se refazer. Que estava difícil equilibrar trabalho e ministério. Que queria um espaço para respirar.

A líder ouviu, mas não acolheu. Em vez disso, correu contar ao pastor. E, sem uma conversa, sem um olhar de compaixão, sem sequer saber o que se passava, ele a cortou.

"Você não é mais obreira. Não tem por que estar na reunião."

Essas foram as palavras. Secas. Duras. Frias.

Miriã ficou de pé diante de todos, com os olhos marejados e o peito apertado. Saiu. Esperou do lado de fora. Talvez ele viesse. Talvez perguntasse. Talvez se importasse.

Mas ele não veio. Pior: pediu que ela devolvesse o uniforme, aquele mesmo que havia sido doado, porque ela não tinha condições de comprar.

E assim, diante de todos, ela foi despida. Não só das vestes. Mas da dignidade. Do pertencimento. Do amor. Naquela igreja, quem deixava o ministério era visto como rebelde. Como alguém que "não aguentou a guerra espiritual". Os olhares vieram. Os julgamentos também.

Miriã não tinha mais onde se apoiar. A igreja era seu lar. Seus amigos, sua família. E, de repente, tudo se foi. Sem explicações. Sem misericórdia. Como se o mesmo Deus que antes a usava agora a rejeitasse.

Mas Deus não era aquele pastor.

Deus era o mesmo que, no deserto, curou a própria Miriã bíblica da lepra que a excluíra.

A Miriã da Bíblia, irmã de Moisés, foi acometida por lepra após murmurar contra seu irmão (Números 12). Como consequência, foi isolada fora do arraial por sete dias, o que, na cultura da época, era símbolo não só de doença, mas de impureza, indignidade e afastamento da comunhão.

No entanto, quando Moisés intercedeu por ela, Deus ouviu. E o povo inteiro esperou sua purificação para seguir viagem. O acampamento só avançou depois que Miriã pôde retornar. Isso revela algo profundo: mesmo os que falham, mesmo os que são temporariamente excluídos, não são abandonados por Deus.

Ele espera a cura. Ele restaura a dignidade. Ele reintegra os que foram lançados à margem.

Foi esse mesmo Deus que restaurou a Miriã da nossa história.

A que um dia foi vestida de honra, depois despida por mãos humanas. A que foi julgada, afastada, descartada. Mas que agora serve de novo, não com uniformes, mas com compaixão.

A Miriã da nossa história sentiu-se uma leprosa também. Não pelas atitudes, mas pelo julgamento. Pelo abandono. Pela solidão na hora mais escura.

Ela se afastou. Não de Deus. Mas da instituição. E, nesse afastamento, com o coração exposto e ferido, abriu-se para o que antes jamais cogitaria. Conheceu alguém. Um homem. E, pela primeira vez em muito tempo, sentiu-se querida.

O relacionamento virou casamento. Vieram os filhos. Vieram outras dores também. Mas aquela decisão, ainda que precipitada, nasceu de uma fome legítima: a de ser vista.

O que a igreja não curou, o mundo tentou preencher. Mas a ausência de cura genuína só transfere a dor, não a resolve.

Miriã chorou muito nas madrugadas. Sentiu falta do altar, dos louvores, da presença. Mas sabia: o altar não era um púlpito. Era o quarto. Era o joelho dobrado. Era a sinceridade.

E foi ali, longe das vestes e dos títulos, que Deus a tocou novamente. Sem intermediações. Sem burocracias. Apenas Pai e filha.

Hoje, ela sabe: Deus não precisa que você esteja vestido de uniforme para te amar. Ele te ama quando te despem. Quando te rejeitam. Quando te julgam.

E mais:

Ele reverte toda exclusão em novo propósito.

Miriã, aquela que um dia serviu com tanto zelo e foi ferida por dentro, hoje serve de novo. Não com cargos. Mas com compaixão.

Com abraço. Com escuta. Com verdade.

Porque ela aprendeu que a Casa de Deus não é o prédio. É o coração quebrantado. É o amor sem controle. É a graça que restaura onde o sistema expulsou.

Carta ao leitor

Minha história, a que você acabou de ler, é bem real para mim. Eu amava a igreja, dedicava cada pedacinho da minha alma a ela, mas fui ferida por quem eu menos esperava. A dor de me sentir invisível e ser rejeitada em um lugar que se dizia meu lar... Se você também já sentiu a dor da injustiça vinda justamente de onde esperava cuidado, saiba que não está sozinho.

É devastador, eu sei, quando somos despidos da nossa dignidade, não por um inimigo, mas por aqueles em quem confiamos. Se a sua alma já sangrou assim, eu te entendo profundamente. Mas foi nessas cicatrizes que encontrei a maior verdade da minha vida: Deus não era aquele pastor.

Essa distinção é crucial, entende? Em nossas decepções com pessoas ou instituições, é tão fácil confundir a ferida com a fé. Se você também se viu afastado de Deus por causa de pessoas, quero te dizer que podemos nos afastar do que nos machucou sem nos afastar Daquele que realmente nos ama.

Encontrei a cura no silêncio, longe dos holofotes e das burocracias. Ali, percebi que o amor de Deus não depende de uniformes, cargos ou aprovação de ninguém. Ele te ama quando você está no auge e, sim, quando você é despido e rejeitado.

Minha história é um convite para você. Que ela te inspire a:

- Discernir a verdade: Nem toda autoridade reflete o coração de Deus;
- Buscar cura genuína: A verdadeira restauração vem do Pai, não de sistemas;
- Reafirmar seu valor: Sua identidade está em ser filho amado, não em aprovação externa.

Sua dor pode se transformar em um novo propósito. Se você também anseia por essa transformação, saiba que é possível. Que, assim como eu, você encontre a força para amar e servir com um coração curado.

Com carinho,

Miriã

Capítulo 4

Disseram que você é quem?

Conheci Talita na igreja. Era daquelas pessoas que a gente percebe aos poucos, não pela euforia, mas pela profundidade. Com o tempo, nossa amizade cresceu. E foi nessa aproximação que conheci sua história. Uma história que, infelizmente, ecoa na de tantas outras: gente boa, cheia de valor, mas marcada por rótulos injustos desde cedo.

Talita não sabia exatamente quando começou a acreditar nos rótulos que lhe deram. Talvez ainda criança, quando ouvia de adultos impacientes: "Você é muito difícil". Talvez na adolescência, quando chamaram suas lágrimas de drama. Ou, quem sabe, quando foi chamada de "problemática" por simplesmente pedir ajuda. O fato é que, com o tempo, ela foi internalizando essas palavras como identidade.

"Você é sensível demais."

"Você complica tudo."

"Você sempre foi assim."

E foi assim que ela passou a se enxergar: como alguém quebrada de nascença. O problema de cada ambiente. O excesso em toda roda. A que precisava melhorar para, quem sabe um dia, merecer permanecer.

Ela cresceu com o peso de justificar sua própria existência. Estava sempre tentando compensar: sendo prestativa, tentando ser mais bonita, mais discreta, mais sábia, mais qualquer coisa que fosse suficiente. Mas não importava o quanto se esforçasse, parecia que sempre alguém tinha algo a dizer. E esse "algo" nunca era cura, era julgamento.

Ela aprendeu a ser a amiga que sempre estava ali, mesmo que não fosse convidada para a mesa. A filha que obedecia, mas nunca ouvia um "eu me orgulho de você". A moça que era vista como intensa demais para um relacionamento durar. No fundo, sentia-se marcada, como se um carimbo invisível dissesse: "Defeituosa".

Até que, um dia, ouvindo uma mensagem sobre uma mulher da Bíblia, algo se rompeu dentro dela.

A pregadora falava sobre uma mulher que, por doze anos, carregou uma enfermidade que a tornava impura. Ninguém mais a tocava. Ninguém mais a abraçava. Ela nem sequer era chamada pelo nome, era apenas "a mulher do fluxo de sangue". Sua identidade foi dissolvida em sua dor. Seu lugar na sociedade, apagado. As pessoas cuspiam no chão pela sua condição. E ela tinha que gritar por onde passava: "Impura!". Esse foi seu pseudônimo por, no mínimo, doze anos.

Mas então ela ouviu falar de Jesus.

E decidiu que, mesmo sem permissão, mesmo quebrando regras, tocaria Nele. Porque sabia, acreditava: o toque Dele não a afastaria, mas a curaria.

Ela tocou. E, naquele instante, Jesus parou tudo. Procurou por ela. Não para acusá-la, mas para restaurá-la.

Ele restabeleceu sua identidade, disse:

"Filha." Mais do que isso, produziu um novo futuro: "A tua fé te salvou. Vai em paz e fica livre do teu sofrimento" (Marcos 5:34).

Jesus parou e a chamou de:

Filha — não mais doente.

Filha — não mais inconveniente.

Filha — não mais impura.

Talita chorou ao ouvir isso. Era como se, depois de anos sendo chamada por tudo, menos pelo que realmente era, Deus a chamasse pelo nome mais importante: filha.

Naquela noite, pela primeira vez, ela questionou os rótulos que carregava. Será que ela era mesmo tudo aquilo que diziam? Ou teria sido marcada pela dor infligida por pessoas que nunca souberam vê-la com verdade?

Começou a perceber que sua dor não era identidade. Que seu histórico não era destino. Que ela podia, sim, ser vista de outra forma, como alguém inteira, amada, em processo, mas não condenada.

E, aos poucos, ela começou a trocar os rótulos por verdades:

Do "difícil", ela ouviu: "Você é profunda".

Do "intensa demais", ouviu: "Você sente com coragem".

Do "carente", ouviu: "Você ama com força".

A partir dali, Talita passou a buscar sua identidade na voz que cura, e não nas vozes que ferem. Passou a se perguntar menos "O que pensam de mim?" e mais "O que Deus diz que eu sou?".

Ela não virou outra pessoa da noite para o dia. Ainda escorregava. Ainda chorava. Mas agora havia um fio de verdade sustentando sua caminhada: ela não era o que diziam dela.

Era o que Deus dizia que ela era.

E isso...

...era o começo da liberdade.

Carta ao leitor

Talvez, como Talita, você tenha sido moldado por palavras duras, olhares impacientes ou silêncios que diziam mais do que qualquer frase. Talvez você tenha sido reduzido à sua dor, à sua história, às suas escolhas ou falhas. Talvez tenha aprendido a responder mais aos rótulos do que ao seu próprio nome.

Mas eu preciso te lembrar:

Você não é o que fizeram com você.

Você não é o que disseram que você era.

Você é o que Deus sonhou quando te criou.

É filho.

É amado.

É visto.

Talvez você tenha carregado, por anos, um fluxo de dor emocional, como aquela mulher bíblica. Talvez tenha tentado de tudo e ninguém soube curar. Talvez já tenha sido silenciado, excluído, esquecido. Mas hoje, assim como ela, você também pode estender a mão, não para mendigar amor, mas para tocar no Amor que cura.

A pergunta não é mais:

"Quem disseram que eu sou?"

A pergunta agora é:

"Quem Deus diz que eu sou?"

E Ele diz:

"Filha."

"Filho."

"Escolhido."

"Valioso."

"Livre."

Grave isso:

Você não é seu trauma.

Você não é seus erros.

Você não é os rótulos que te deram.

Você é alguém por quem Jesus pararia tudo, só para olhar nos olhos e dizer:

"Vai em paz. Eu te vejo. Eu te amo. Você é meu."

Com verdade e afeto,

Talita

(e todos que estão redescobrindo seu verdadeiro nome.)

Capítulo 5

As marcas invisíveis

Tamar não sabia explicar por que, às vezes, chorava sem motivo aparente. Por que o peito apertava em situações banais. Por que um silêncio, um olhar, uma ausência a faziam encolher por dentro. Era como se um nó invisível se apertasse em seu estômago, uma sensação familiar, quase uma segunda pele.

A verdade é que a dor da rejeição não se limita a eventos. Ela se transforma em marca. Invisível aos olhos, mas sentida na alma. É o peso de um passado que insiste em assombrar o presente, em turvar a visão do futuro.

Tamar havia sido rejeitada tantas vezes que já não sabia o que era se sentir completamente aceita. Suas experiências a ensinaram a se precaver: ela tentava não se apegar demais, não se entregar por completo, não esperar muito das pessoas. Isso a fazia parecer forte, mas, por dentro, ela só queria ser abraçada sem precisar pedir.

Já vimos que estudos mostram que o cérebro processa a rejeição de forma similar à dor física, com as mesmas áreas sendo ativadas, e isso não se limita à infância, mas ocorre em todas as faixas etárias. Isso quer dizer que, quando alguém é ignorado, excluído ou deixado para trás, o cérebro interpreta como se estivesse sendo fisicamente agredido. Tamar não sabia disso, mas sentia. Sentia como se tivesse hematomas invisíveis espalhados por dentro.

Quando pequena, Tamar foi chamada de "esquisita". Cresceu ouvindo que precisava "melhorar", "se esforçar mais", "ser menos intensa". Então, aprendeu a se moldar. A se encaixar. A esconder. Ela se tornou uma camaleoa emocional, mudando de cor para se adaptar a qualquer ambiente, na esperança de finalmente ser aceita.

Na adolescência, tentou amar e foi deixada. Na juventude, tentou servir e foi usada. Na vida adulta, tentou confiar e foi traída. Cada episódio deixava uma cicatriz. E cada cicatriz parecia confirmar a mentira que ela havia aprendido na infância: "Você não é boa". Era um refrão cruel, repetido incansavelmente pela voz da insegurança dentro dela.

A rejeição, segundo especialistas, compromete a autoestima, a autoconfiança e até a visão que temos sobre nosso futuro. Quando não tratada, ela se acumula. Internaliza-se. Torna-se um filtro através do qual interpretamos tudo: uma crítica vira ataque, uma ausência vira abandono, um silêncio vira rejeição. É como se o mundo inteiro conspirasse para confirmar aquela primeira mentira, aquela ferida original.

Tamar não queria mais viver assim. Foi quando ela começou a buscar ajuda. Primeiro, conversou com uma amiga. Depois, com uma mentora. Por fim, procurou uma terapeuta cristã. Foi um ato de coragem imensa, um primeiro passo hesitante para fora do labirinto de sua própria dor.

Ali, entendeu que não era louca, fraca ou exagerada. Entendeu que sua dor era real, válida, legítima e que tinha nome: rejeição. Pronunciar essa palavra foi como tirar um peso gigante dos ombros, uma verdade que a libertou do julgamento silencioso que carregava.

E mais: que essa dor podia ser curada.

Aos poucos, ela aprendeu a reconhecer as vozes internas. A silenciar as mentiras. A olhar para si com compaixão. A rejeitar os relacionamentos que a diminuíam. A nutrir os vínculos que a curavam. Aprendeu a respirar fundo antes de reagir, a chorar sem culpa, a dizer "não" sem medo de ser julgada. Cada "não" dito para o que a machucava era um "sim" poderoso para si mesma.

Seu processo foi lento, muito lento. Às vezes, parecia que andava em círculos. Mas ela seguiu. Um dia de cada vez. Uma verdade de cada vez. Uma oração de cada vez. Havia dias em que a vontade era de desistir, de se encolher no canto escuro que lhe era tão familiar. Pois a dor, depois de anos cultivada, gera conforto, mesmo que enganoso. Mas a chama da esperança, acesa pela primeira vez, a impulsionava a sair desse lugar.

A Bíblia conta a história de outra Tamar. Uma mulher rejeitada, usada, envergonhada. Mas que se recusou a ser silenciada. Que se levantou. Que exigiu justiça. Que deixou seu nome registrado na genealogia de Jesus. Sua história, cheia de reviravoltas e dor, é um testemunho de que, mesmo em meio à rejeição mais profunda, a determinação e a busca por justiça podem gerar um legado duradouro e digno. Ela se recusou a ser silenciada e teve seu nome registrado para sempre.

A nossa Tamar também se levantou. E entendeu que o amor de Deus não apenas cura o passado, ele redefine o futuro. Não era mais sobre o que havia acontecido, mas sobre o que Deus estava construindo a partir dos escombros.

Hoje, Tamar já não precisa se esconder. Já não aceita menos do que merece. Já não carrega a culpa pelo erro dos outros. Ela é, enfim, livre. Seus hematomas invisíveis começaram a desaparecer, substituídos pela leveza de um coração curado.

E sabe que, por mais invisíveis que sejam as marcas da rejeição, há um Deus que vê. Que toca. Que cura. E que chama pelo nome. Um nome que, agora, ela sabia pertencer a uma mulher inteira, amada e livre.

Carta ao leitor

Se você chegou até aqui, talvez tenha se identificado com algumas partes desta jornada.

Talvez as marcas da rejeição também estejam tatuadas na sua história, mesmo que ninguém mais as veja.

Eu quero te dizer, com toda a sinceridade do meu coração: sua dor é legítima.

Você não está exagerando. Você não é fraco. E, acima de tudo, você não está sozinho.

A rejeição dói porque toca no nosso valor. Porque nos faz duvidar de quem somos. Mas a verdade, a verdade que me libertou, é que o seu valor não está nas mãos de quem te deixou.

Você é valioso porque foi criado por Deus. Porque Ele te conhece profundamente. E porque, mesmo sabendo de cada dor, cada falha, cada medo, Ele escolheu te amar.

Esse amor não exige performance. Não exige perfeição. Ele simplesmente ama.

Talvez você esteja em processo de cura. Talvez nem tenha começado. Talvez ainda esteja tentando entender por onde começar. E está tudo bem. Curar não é correr.

É permitir.

Permitir que a verdade te alcance. Permitir que Deus te abrace onde ninguém mais tocou. Permitir que você, enfim, veja como Ele te vê.

Se hoje você chora, eu quero te lembrar: lágrimas não são fraqueza, são sementes. E, um dia, essa dor vai florescer em algo que você ainda não consegue imaginar.

Até lá, caminhe com gentileza.

E nunca se esqueça:

Você é amado.

Você é visto.

Você é inteiro.

Com carinho,

Tamar

Capítulo 6

Relacionamentos: feridas que andam

Hadassa aprendeu a amar com o que restou. Com os cacos da infância, com as lacunas da adolescência, com os silêncios do lar. Ela não sabia exatamente o que era amor, mas sabia o que era ausência. E, por isso, quando o afeto aparecia, ainda que torto, ela tentava se encaixar.

Seu jeito de amar era forte e inseguro. Profundo, mas instável. Entregava-se com facilidade e depois recolhia os pedaços. Amava antes de ser amada. Entendia as entrelinhas como promessas. Bastava um gesto gentil e seu coração já sonhava com uma história. Isso não fazia dela imatura. Fazia dela carente. Fazia dela humana.

Ela não queria muito. Só queria ser escolhida. Desejada sem ser escondida. Admirada sem ser descartada. Sonhava com relações honestas, amizades leais, vínculos que não evaporassem no primeiro atrito. Mas o amor, na vida de Hadassa, sempre parecia algo que exigia esforço demais. Ela sentia que precisava merecer ser amada. Como se o amor fosse um prêmio e não um lugar de descanso.

Por isso, quando alguém se aproximava, Hadassa dava o melhor de si. Tentava entender, servir, cuidar, escutar, interpretar. Era intensa. Mas intensidade, sem reciprocidade, vira desgaste. E, muitas vezes, ela não recebia nem metade do que entregava. Criava vínculos sozinha, esperava retornos que nunca vinham. Ela se doava inteira para relações que estavam construídas sobre metade de interesse e metade de omissão.

Com o tempo, Hadassa começou a perceber que suas feridas não vinham apenas de quem a machucava de forma evidente, mas de quem a deixava em dúvida. As maiores dores vinham da confusão: "Será que fui eu que exagerei? Será que esperava demais?". O problema nunca era só a rejeição, era a incerteza constante, a sensação de estar sempre um passo atrás do outro.

Foi num desses dias de dúvidas, após uma postagem que escreveu sobre vínculos quebrados, que recebeu uma mensagem no privado de uma seguidora: "Não sei por que, mas senti liberdade para te contar isso...". E assim conheceu Priscila.

Priscila era uma mulher de fé, conhecida no ministério, admirada pelas irmãs, mas silenciosamente ferida. Tinha vivido um relacionamento com um obreiro da igreja por quatro anos. Namoraram escondido, por orientação da liderança. Quando finalmente podiam tornar público, ele terminou. Disse que "Deus não confirmava". Priscila contou tudo com a voz trêmula. Disse que chorava sozinha nos cultos, sentindo-se envergonhada, culpada, usada. O que mais a feriu não foi o fim, mas o fato de que ele continuou servindo, rindo, subindo ao altar, como se ela nunca tivesse existido.

Hadassa ficou tocada. Era como se ouvisse sua própria história sendo contada por outra voz.

Poucos dias depois, reencontrou Renata, uma antiga amiga de ministério. Abraçaram-se no corredor de uma conferência, mas o abraço não tinha mais o mesmo calor. Era como se ali estivesse uma lembrança. Conversaram superficialmente. Depois, saíram para um café. E Renata, entre suspiros e pausas longas, contou: "Quando subi naquela plataforma, perdi a noção de quem eu era. Me afastei de você porque você me lembrava quem eu era antes da vaidade".

Renata admitiu ter se afastado por orgulho. Por medo de que Hadassa a visse despida, simples, real. Era mais fácil ignorar do que confrontar. Disse que o ministério a sugou, que virou um personagem. Que, no auge da visibilidade, se sentia mais sozinha do que nunca.

Hadassa ouviu tudo com o coração em chamas. Não era só sobre ela. Era sobre tantas. A solidão não vinha da falta de gente, mas da falta de verdade. O sucesso roubava a comunhão. E a aparência matava o afeto.

Mais à frente, numa sala de aula onde Hadassa havia sido convidada para dar uma palestra sobre restauração, conheceu Natália. Ela era calada, mas firme. Esperou todos irem embora para se aproximar. Contou que liderava uma equipe de jovens, mas se sentia uma impostora. Disse que quando não estava bem, vestia seu "manto de poder" e continuava liderando, mesmo sem força para orar em casa.

Confessou que passou a ferir sua equipe. Que reagia com dureza, controlava, manipulava com palavras sutis. Tudo isso, segundo ela, porque nunca teve coragem de dizer: "Eu estou ferida". Chorou nos braços de Hadassa como uma menina que nunca teve colo.

Esses encontros mudaram Hadassa. Ela percebeu que a dor relacional era uma epidemia silenciosa. Que a carência e a rejeição se vestiam de títulos. Que, por trás de muitas fotos bonitas e sorrisos nas redes, havia mulheres despedaçadas tentando liderar com hemorragias.

E entendeu, também, que relacionamentos mal curados são solo fértil para autoabandono. Que, se não tratados, criam personagens. E personagens não amam — apenas atuam.

Olhando para a sua própria história, Hadassa viu o quanto havia tentado sobreviver sendo o que os outros queriam. Num relacionamento, era a boazinha. Na amizade, a conselheira. No ministério, a obreira incansável. Mas no espelho... uma mulher exausta de ser tantas coisas, sem poder apenas ser ela.

Decidiu, então, recomeçar. Começou a dizer "não" sem culpa. A escolher com mais critério. A não se explicar tanto. A se cercar de quem traz paz, e não confusão. E, acima de tudo, a ouvir a voz de Deus acima da dos homens.

A rejeição não desapareceu. Mas perdeu o poder de governar.

Carta ao leitor

Este talvez seja o capítulo mais difícil que eu já escrevi. Porque, para falar de relacionamentos, precisei revisitar todas as feridas que eles deixaram em mim.

O amor, que deveria ser refúgio, tantas vezes foi campo de batalha.

E quando somos machucados por quem diz nos amar, o coração se fecha de forma que nem percebemos. Passamos a viver pela metade. A nos doar sem confiar. A esperar o fim antes do começo.

Mas aqui está a verdade: você não nasceu para viver se defendendo.

Você não precisa mais amar com medo.

Não precisa mais sorrir por obrigação.

Não precisa mais permanecer onde só existe confusão.

Deus quer restaurar o seu jeito de se relacionar. Te ensinar que amor não é dor camuflada. Que amizade não é conveniência disfarçada. Que liderança não é controle disfarçado de zelo.

Você pode — e deve — viver vínculos saudáveis.

Relações onde haja reciprocidade.

Palavras que curam.

Presenças que acolhem.

Se você chegou até aqui e sente que algo dentro de você se reconhece nessas histórias, saiba: ainda dá tempo de recomeçar.

Ainda dá tempo de amar sem medo.

De ser amigo sem performance. De liderar com verdade.

Que sua história, de agora em diante, seja marcada por conexões que não te firam, mas te curem.

E que, no centro de tudo, esteja o Amor que nunca falha.

Com todo meu carinho,

Hadassa

Capítulo 7

Quando o ventre e o coração doem

Elisa tinha 41 anos quando, após anos de esperas silenciosas, enfim se viu diante de um sonho antigo: estava grávida. A notícia foi recebida com lágrimas, orações e um coração pulsando esperança. Era como ver brotar uma flor no meio de uma longa estiagem.

No entanto, a alegria deu lugar à angústia quando os sinais de alerta surgiram. O desenvolvimento do bebê não seguia o esperado. Exames, consultas e uma ansiedade crescente culminaram em um aborto espontâneo. A dor que se seguiu foi avassaladora, um luto por um amor que já habitava seu coração, mesmo sem ter se manifestado em plenitude. Mas o golpe mais profundo não foi a perda em si e sim o julgamento implacável que a cercou.

Seu marido não soube acolhê-la. Em sua própria frustração e imaturidade emocional, acabou a ferindo ainda mais. Palavras cruéis se tornaram frequentes. Críticas, acusações, silêncios hostis. A tristeza de Elisa, que clamava por um porto seguro, encontrou apenas a culpa.

"Você não foi capaz."

"Seu corpo falhou."

"Você não serve para ser mãe."

A família dele também se uniu a esse coro. Chamavam-na de "árvore seca", como se a fertilidade determinasse seu valor.

Os dias ficaram pesados. O casamento passou a ser um campo de guerra emocional. As discussões eram constantes. Os gestos de carinho se transformaram em acusações. Elisa se sentia só, no luto, na fé, na casa. Mas não desistiu.

Buscou ajuda. Foi à igreja. Procurou aconselhamento pastoral. Falou de sua dor. Pediu direção.

Não foi fácil, mas, aos poucos, pequenas mudanças começaram a acontecer. O marido, confrontado pela Palavra e pela verdade, começou a refletir. Não houve mágica. Não foi um conto de fadas. Mas houve passos.

Elisa também se voltou para Deus, não buscando apenas o milagre de um novo filho, mas a graça de reencontrar sua própria identidade. De entender que ser mulher não está condicionado à maternidade. Que ser amada por Deus não exige um ventre que gera, mas um coração que se rende. Ela compreendeu que sua fertilidade, ou a falta dela, não diminuía seu valor como indivíduo ou como filha amada do Criador.

A história de Ana, na Bíblia, a confortava. Ana também foi chamada de estéril. Também foi humilhada por Penina. Também chorava diante do altar, amargurada. Ana viveu calada, tentando ser discreta, espiritual, forte. Mas sua alma sangrava em silêncio.

Sua alma estava processando dores extremas, por isso Ana chorava tanto. Porque, embora ninguém visse hematomas, ela estava coberta por feridas invisíveis, como quem carrega uma dor sem nome. E, quanto mais tentava esconder, mais a dor ganhava espaço.

Sua oração não era apenas por um filho. Era um clamor por aceitação. Por dignidade. Por um lugar de pertencimento. No templo, onde muitos viam uma mulher descontrolada, Deus via uma filha desesperada.

Nem toda oração gera um filho. Mas toda oração sincera gera crescimento. Nem todo clamor termina com um milagre visível. Mas todo clamor nos conduz ao milagre de sermos moldadas à imagem de Cristo. A maternidade, em sua essência mais profunda, não se restringe à biologia. Ela reside na capacidade de nutrir, cuidar, amar incondicionalmente, seja um filho, um projeto, uma comunidade ou a si mesma.

Na história bíblica, Ana engravidou de Samuel. Mas no caso de Elisa, não houve nova gravidez. Seu casamento não se transformou em uma história de cinema, livre de desafios. Entretanto, a vida de Elisa ganhou outro sentido, uma profundidade que antes ela não conhecia.

Ela reencontrou a si mesma. Passou a cuidar de mulheres em situações parecidas. Tornou-se voz de acolhimento onde antes houve julgamento. Ela aprendeu, com profundidade, que a cura verdadeira nem sempre remove a dor, mas transforma o significado dela. A infertilidade, antes uma fonte de vergonha e culpa, tornou-se um catalisador para uma nova missão, um propósito maior que transcendeu as expectativas sociais e suas próprias.

A jornada de Elisa é um lembrete poderoso de que a resiliência feminina, mesmo diante da mais profunda das dores, pode levar a uma redescoberta de si, de seu valor inabalável e de um propósito que floresce mesmo em solo árido. Para toda mulher que carrega a frustração de um ventre que dói, a mensagem é clara: sua força não está na capacidade de gerar vida, mas na inesgotável capacidade de amar, de se reerguer e de transformar a dor em uma fonte de esperança, para si e para as outras.

Carta ao leitor

Se você chegou até aqui, talvez também carregue um luto que ninguém entende. Talvez tenha vivido a dor de não gerar, ou o peso de se sentir insuficiente. Talvez tenha sido culpada por algo que não controlava. Talvez tenha sido ferida por quem deveria ter te abraçado.

Quero te dizer, com a verdade e a ternura do meu coração: você não está só.

Talvez, como Elisa, você não tenha recebido o milagre que esperava, mas isso não significa que Deus se calou. Às vezes, o maior milagre é continuar de pé.

É não permitir que a dor te defina. É reencontrar dignidade mesmo quando o mundo te chama de "seca".

Lembre-se: você não é seu útero. Você não é a frustração de outra pessoa. Você é filha. É amada. É vista por Deus em sua essência mais profunda. Sua história não precisa de um final de conto de fadas para ser redimida. O processo, com suas lágrimas e silêncios, também é sagrado e tem um propósito divino.

Que você encontre força onde pensou que só havia fracasso. Que aprenda a se olhar com os olhos do Pai, que a vê com amor e aceitação. Que abrace a mulher que você é, em sua totalidade, inteira — mesmo com as cicatrizes que a vida lhe impôs.

E que saiba: a ausência de um filho não diminui a plenitude de uma mulher.

Deus te vê.

E Ele ainda tem caminhos lindos e propósitos grandiosos para sua vida, além de toda e qualquer expectativa.

Com fé e carinho,

Elisa

(e todas as mulheres que descobriram que a vida, mesmo sem todas as respostas, continua sendo um presente precioso e digno de ser vivido em sua plenitude.)

Capítulo 8

Recomeço

Rute é o nome que damos a esta nova fase da jornada, não por acaso, mas por convicção. Rute representa a mulher que decide seguir mesmo depois da perda, que abandona o passado não por desprezo, mas por fé no futuro. Que escolhe amar, mesmo sem garantias. E, mais do que isso, representa o recomeço silencioso e corajoso que brota no meio da terra árida da dor. Hadassa também foi Rute.

Depois de tantas perdas, rejeições, rompimentos e frustrações, ela se viu diante do que parecia ser o fim de tudo. Aquela que outrora fora marcada por ausências, agora tinha que lidar com a falta de si mesma. Estava exausta. Quebrada. Fragmentada em lembranças que a puxavam para trás e em expectativas frustradas que a impedia de olhar para frente. Mas algo dentro dela, talvez o que restara de fé, talvez uma centelha do Espírito, sussurrava: ainda não acabou. Havia mais. Sempre há mais quando Deus está na história.

Foi nesse terreno de dores antigas que a ideia de recomeçar começou a se formar. Mas recomeçar exige coragem. E a coragem, às vezes, vem camuflada de fragilidade. Hadassa não se levantou forte. Levantou trêmula. Com medo. Com dúvidas. Mas levantou. E isso fez toda a diferença. Rute, na Bíblia, também recomeça assim. Viúva. Estrangeira. Sem amparo. Mas determinada. "Aonde fores, irei; onde pousares, pousarei." Essas palavras ecoavam em Hadassa. Era como se dissesse a Deus: "Não entendo o que o Senhor está fazendo, mas vou seguir". Era um voto de confiança, mesmo no escuro.

Nesse recomeço, ela precisou rever suas bases. Precisou silenciar vozes. Precisou se afastar de ambientes e pessoas que a lembravam de suas dores e voltar para dentro. Foi como entrar num casulo, não por fuga, mas por necessidade de transformação. Começou a estudar mais sobre emoções, sobre o cérebro, sobre a alma. Descobriu que o trauma da rejeição não desaparece apenas com o tempo. Ele se instala no corpo, nas reações, nos gatilhos. Sentia-se culpada por ainda reagir com medo, com ansiedade, com desconfiança. Mas aprendeu, por meio de leituras e terapias, que a mente ferida pode ser reprogramada. Que a alma marcada pode ser restaurada.

Descobriu o conceito de neuroplasticidade, a capacidade do cérebro de criar novos caminhos. E isso trouxe esperança: se a dor havia moldado seus caminhos, o amor, a verdade e a fé também poderiam remodelar. E assim começou a exercitar pensamentos de vida. A rejeitar a autoacusação. A construir, pouco a pouco, uma nova narrativa interna. Um dos marcos desse processo foi quando, certa noite, ela escreveu:

"Eu não sou o que fizeram comigo. Não sou os nomes que me deram. Não sou o que perdi. Eu sou o que Deus diz que sou. E hoje, eu escolho viver de acordo com essa verdade".

Essas palavras foram um divisor de águas. Um grito de nascença. Não mais da menina ferida, mas da mulher em reconstrução. Passou a se permitir viver. A comer sem culpa. A rir sem medo. A criar rotinas de autocuidado. A praticar o perdão, inclusive a si mesma. E, especialmente, a se conectar com Deus de uma forma mais sincera, mais terna, mais real. Não era mais sobre grandes ministérios, grandes realizações ou grandes feitos. Era sobre paz. Sobre leveza. Sobre verdade. Ela se redescobriu escritora, contadora de histórias. Suas palavras passaram a tocar outras almas, porque vinham de um lugar de dor curada, não apenas de teoria.

Rute, ao seguir Noemi, não sabia que encontraria Boaz. Que teria um filho. Que seu nome estaria na genealogia do Salvador. Hadassa também não sabia o que o futuro lhe reservava. Mas sabia em quem havia crido. E isso bastava. Seus recomeços não foram fáceis. Mas foram reais. E cada passo dado em direção à cura era uma celebração da vida que insistia em continuar.

Carta ao leitor

Recomeçar não é esquecer. Não é fingir que não doeu. É olhar para a dor de frente e dizer: você não me define mais.

Talvez você esteja nesse momento da jornada. Olhando para os cacos e perguntando: e agora? A rejeição deixou marcas, e a ideia de seguir em frente pode parecer assustadora, quase impossível. No entanto, é precisamente nesse ponto que a verdadeira força se revela. Recomeçar é um ato de coragem, uma decisão consciente de não permitir que o passado dite o futuro. É reconhecer a ferida, mas recusar-se a ser consumido por ela.

Agora, é hora de juntar o que restou e confiar. Confie que Deus ainda escreve histórias com vírgulas, não com pontos finais. Confie que o amor é mais forte do que a dor. Confie que há um novo capítulo sendo preparado para você. Um capítulo no qual a aceitação, a paz e a alegria podem finalmente florescer.

Rute não sabia o que a esperava. Mas ela foi. Ela confiou na esperança, deu o próximo passo e sua história se transformou em um testemunho de redenção e amor.

E você, vai?

Com esperança e ternura,

Rute

Capítulo 9

O abraço que reescreve

Ela não lembrava do nome da preletora naquela conferência. Mas lembrava do som da música de fundo, da luz suave refletindo na parede e, principalmente, das palavras que atravessaram a multidão como se fossem endereçadas apenas a ela: "Deus não te rejeitou".

Foi como se o tempo tivesse parado. Aquela frase, simples e direta, rompeu um silêncio interno que havia se tornado morada. Um silêncio habitado por tentativas vãs de merecimento, por promessas partidas que jamais se cumpriram e por expectativas sempre frustradas.

O coração de Ester, como a chamaremos neste capítulo, estava habituado às entrelinhas da rejeição. Não era necessariamente negada de forma explícita, mas também nunca era completamente aceita. Ela vivia sempre na beira do pertencimento, oscilando dolorosamente entre o "quase" e o "nunca".

E ali, naquele ambiente simples e carregado de presença, não houve explanações teológicas profundas, nem grandes revelações. Apenas uma única frase, como uma seta certeira no coração: "Deus não te rejeitou".

E foi o suficiente.

As lágrimas que ela nem sabia que ainda moravam dentro dela começaram a correr, livres, lavando dores que estavam acumuladas há anos. Era um choro que não pedia permissão, que não precisava de tradução. Era a alma sendo vista, tocada e, pela primeira vez, abraçada sem resistência.

A rejeição não é apenas uma ferida do passado. Segundo especialistas, ela se torna um filtro emocional que contamina tudo o que tocamos, nossos vínculos, nossas escolhas, nossas respostas. A psicologia cognitivo-comportamental fala sobre os "esquemas mal-adaptativos precoces": crenças formadas na infância, que nos fazem viver a vida com óculos distorcidos.

Ester, mesmo sendo uma mulher forte aos olhos de todos, se via como um fardo. Era aquela que pedia desculpas demais, que tinha medo de ocupar espaço demais, de incomodar demais. Sua autoimagem estava fraturada. Conhecia versículos, cantava verdades, mas não as sentia como suas. Era como se o Evangelho funcionasse para todo mundo, menos para ela.

Até aquele dia. Algo ali começou a quebrar. Ou talvez... a se unir.

A muralha interna que a rejeição havia erguido em sua alma trincou. Pela primeira vez em muito tempo, a luz encontrou passagem. E com ela, vieram lembranças de outra figura bíblica que também conheceu a dor de se sentir descartado: Mefibosete.

Filho de Jônatas, neto do rei Saul, Mefibosete era, por direito, parte da realeza. Mas ficou aleijado ainda menino, foi ignorado e escondido em Lo-Debar, um lugar de esquecimento, de silêncio, de vergonha. Seu nome significava "vergonha que se dissipa", mas por anos sua vida parecia ser apenas a própria vergonha, condensada em carne e osso.

E, no entanto, um dia, ele foi lembrado. Não por merecimento. Mas por uma aliança que ele mesmo não havia feito. Davi o mandou chamar. Mefibosete chegou trêmulo, com medo, acostumado ao abandono. Mas Davi o surpreendeu com algo que Ester sentiu naquele culto: "Não temas. Quero te devolver o lugar. Quero que se sente à mesa. Você será como um dos meus filhos".

Ester chorou ao lembrar dessa história. Porque, como Mefibosete, ela também havia se acostumado a viver em Lo-Debar, aquele lugar interno onde nos sentimos inválidos, indignos, rejeitados. Mas ali, naquela conferência, uma Voz rompeu a distância. E chamou:

"Vem para a mesa."

"Eu te vejo."

"Você não está rejeitada."

"Você é filha."

A rejeição tem o poder de nos fazer desejar desaparecer e ser vistos ao mesmo tempo. Vivemos o paradoxo entre a invisibilidade desejada e a visibilidade temida. Queremos ser notados, mas tememos que descubram quem realmente somos. Ester sabia bem o que era isso. E naquele dia, ao ouvir "Deus não te rejeitou", ela entendeu que não precisava mais viver nesse lugar. Deus não apenas a via, Ele a chamava pelo nome.

Não foi um abraço físico. Mas foi real. Foi o tipo de abraço que desarma, acolhe, ressignifica. Um abraço espiritual que foi além da dor, do trauma, das tentativas frustradas. Um abraço que reescreve. Reescreve a história, a identidade, o valor.

Ester compreendeu que a aceitação de Deus não dependia de sua performance. Ela não era amada por ser perfeita, era amada porque era filha. A jornada de desaprender a rejeição e abraçar a verdade estava apenas começando. Mas o muro já havia rachado. E a luz estava entrando.

Carta ao leitor

Eu quero te convidar para algo mais profundo do que uma simples leitura. Quero te convidar para entrar na história da Ester e, com coragem, se enxergar nela. Porque, no fundo, a jornada dela se parece muito com a nossa.

Quantas vezes você já se sentiu "quase lá", mas nunca totalmente dentro? Quantas vezes a rejeição, mesmo não dita em voz alta, se transformou no roteiro silencioso da sua vida?

Talvez, como Ester, você também tenha aprendido a sorrir quando queria gritar. A pedir desculpas por existir. A se acostumar com o "quase" e temer o "sim". Talvez, assim como ela, você repita verdades bíblicas, mas não consiga senti-las como suas. E o pior: talvez você tenha aprendido a viver assim, como se essa dor fosse normal.

Mas hoje eu quero te lembrar — com toda a ternura que posso — que Deus não te rejeitou.

Ele vê suas rachaduras, suas tentativas de se esconder e, ainda assim, decide amar. Ele não espera a sua versão melhorada. Ele te quer agora. Com o que você tem. Com o que ainda não entende. Com o que sente, mesmo que não saiba nomear.

Abrace essa verdade. Deixe que ela te envolva como aquele abraço que Ester sentiu. Não físico, mas tão real que reestrutura. Um abraço que reescreve capítulos. Que devolve a leveza. Que chama você de filha, de filho, de parte essencial de uma história que ainda está sendo escrita com graça.

Que essa leitura seja o começo de um reencontro. Com Deus. E com você.

Com carinho,

Ester

(e todos que descobriram que Lo-Debar não é seu endereço permanente.)

Capítulo 10

Rejeitada no labor, ferida no valor

Sabrina aprendeu cedo que o trabalho não era apenas uma necessidade, era uma trincheira. Enquanto outros viam uma carreira como forma de realização, para ela era sobrevivência. Desde os primeiros cargos no banco, lidando com pressões, metas, filas e falas atravessadas, ela tentava equilibrar tudo: o serviço, os filhos, a casa e um marido que, embora estivesse presente fisicamente, afetivamente era ausente.

Não havia tempo para reclamar. Ela precisava dar conta. E deu.

Com um gênio forte, olhos atentos e uma sede de fazer bem feito, foi crescendo. Não só profissionalmente, mas em respeito, influência, resultados. Ela começou a entrar em salas onde poucos entravam. Foi notada. Elogiada. Tornou-se exemplo. Era a mulher que "resolve", que "segura as pontas", que "dá conta". Sabrina estava no topo do que podia alcançar.

Até que veio o convite.

Uma nova agência. Um novo desafio. Uma nova chance de se provar. Agora como gerente. Mas nem tudo que começa com honra termina em celebração.

A nova carteira era difícil. O histórico, limitado. Os clientes, exigentes. E o seu novo gestor... esse não a via como promessa. A via como ameaça.

Importante dizer: o problema não era a instituição. O banco, como organização, havia sido palco de conquistas e aprendizados. O que adoece um ambiente, muitas vezes, não é a estrutura, são as pessoas que o ocupam. E ali, naquele cenário, a toxicidade relacional se tornava insuportável.

Ele não a confrontava diretamente. Mas a ignorava. Dava ordens secas. Elogiava os demais gerentes em público, mas, para ela, apenas o escanteio. Sabrina, que havia se acostumado a ser celebrada, entrou em colapso emocional silencioso.

Ela tentava chamar atenção pelo resultado, mas o resultado não vinha mais com a mesma força. Tentava pela experiência, mas era desconsiderada. Tentava por lealdade, mas era vista com desconfiança. O que antes a levantava, agora a sufocava.

Em um momento de tensão e sob a pressão de resolver problemas e demonstrar competência, uma fraude foi cometida por um cliente sob a gerência de Sabrina. Essa falha real, embora não tenha sido um ato direto de Sabrina, expôs sua vulnerabilidade na gestão. Aquilo que era sua força, a capacidade de liderança, ficou momentaneamente abalada.

Então, o que era sombra virou escândalo. Sua imagem se tornou um alvo. Os comentários aumentaram. As portas se fecharam. Sabrina, que antes era uma mulher de presença forte e fala firme, agora se tornava "complicada". Passou de exemplo a problema. De inspiração a incômodo. De sólida a descartável.

A troca de gestão veio. E com ela, uma nova líder, fria, sorridente e manipuladora. Daquelas que se aproximam sorrindo e se afastam acusando. Sabrina era, agora, bode expiatório institucional.

Tudo que dava errado orbitava ao seu redor. Reclamações, ruídos, suspeitas. Mesmo sem culpa direta, ela carregava a culpa simbólica. Ela passou a viver em um estado de tensão constante, com medo de ser chamada, medo de errar, medo de respirar.

O peso invisível da rejeição profissional

A rejeição no ambiente de trabalho é uma das mais silenciosas e devastadoras. Ela não fere com socos, mas com silêncios. Não derruba com gritos, mas com olhares vazios. Com e-mails ignorados. Com portas que não se abrem. Com a sensação de que tudo que você é já não importa.

Estudos sobre ambientes tóxicos mostram que o estresse crônico causado por rejeição, manipulação e desvalorização profissional pode gerar sintomas físicos graves: insônia, taquicardia, síndrome do pânico, depressão. O corpo grita o que a alma não pode mais sustentar.

Sabrina começou a adoecer.

Não fisicamente, a princípio. Mas emocionalmente. Seu senso de valor foi drenado. O prazer em realizar virou medo de fracassar. A mulher ousada se tornou uma funcionária hesitante. O brilho dos olhos apagou-se.

E ela se calava. Por vergonha. Por medo. Por não querer "dar munição". Mas, por dentro, gritava.

A cura começa com um não

Em um desses dias arrastados, Sabrina ouviu algo diferente: "Você não é o que aconteceu com você".

Era uma colega antiga. Alguém que a conhecia de outros tempos. Essas palavras foram como água em terra seca. Sabrina entendeu que precisava de ajuda. Buscou aconselhamento. Começou a escrever. A nomear o que vivia. E descobriu que estava sendo emocionalmente abusada. Que o sistema onde estava era podre. Que seu brilho não havia sumido, só estava coberto de lama.

E a maior descoberta: ela não precisava provar mais nada para ninguém. Não precisava implorar por validação. Não precisava sofrer em nome de uma reputação. Deus não a via como o RH a via. Deus não a via como a chefe a via. Deus a via como filha. Ferida, sim. Mas ainda filha. E isso era suficiente para começar de novo.

Ela ainda estava naquele lugar. Ainda não havia saído. Mas ela já não era mais refém. Sabrina passou a se preparar. Currículo. Estudo. Orando por portas novas. Já não para se vingar, mas para se libertar.

Porque o que te prende não pode ser o lugar onde você constrói seu futuro.

Mas a verdadeira virada não foi quando ela saiu — foi quando ela se levantou por dentro. O ambiente não mudou. A líder continuava a mesma. Os colegas, igualmente omissos. Mas Sabrina mudou. Ela aprendeu a se posicionar. A colocar limites. A dizer "isso eu não aceito mais". Passou a deixar claro: "No meu jardim, só entra quem Deus permitir".

E essa autoridade interior... ninguém mais conseguiu roubar. Ela ainda enfrenta pressões. Mas agora com postura. Ela ainda trabalha. Mas agora com consciência. Ela ainda está cercada por vozes confusas. Mas agora ouve, acima de todas, a voz que diz: "Você tem valor. E esse valor não depende de ninguém reconhecer".

Carta ao leitor

Talvez você esteja nesse tipo de ambiente agora. Talvez, como Sabrina, você vá trabalhar todos os dias com um nó na garganta. Tentando sorrir para quem te anula. Tentando render para quem te rebaixa. Tentando resistir, quando tudo em você só queria fugir.

E eu sei que o mais fácil seria dizer: "Saia daí agora". Mas a vida nem sempre permite esse corte brusco. Têm boletos. Filhos. Contas. Prazos. E Deus conhece sua realidade. Por isso, essa carta não vem com peso. Ela vem com direção: se você não pode sair agora, aprenda a se levantar por dentro.

Reencontre sua voz. Coloque limites. Busque ajuda. Ore. Não para mudar o chefe. Mas para que Deus fortaleça a sua estrutura interna.

Talvez ainda leve tempo. Talvez a porta demore. Mas sua dignidade não pode esperar.

Lembre-se: você não está preso. Você está em processo. E em todo processo, Deus trabalha. Às vezes, Ele muda o ambiente. Outras vezes, Ele nos amadurece para enfrentá-lo com graça e coragem.

Você não é o que fizeram com você.

Você é o que Deus diz que você é.

E Ele diz: "Você é minha filha. E em você Eu tenho prazer".

Com fé e firmeza,

Sabrina

(e todas as mulheres que aprenderam a dizer "basta" com sabedoria.)

Capítulo 11

Feridas herdadas

Hadassa, agora com 40 anos, já não era a mesma menina de antes. Havia vivido muito e sobrevivido mais ainda. Entre lágrimas, recomeços, perdas e promessas, sua história era marcada por altos e baixos, como o leito de um rio: ora calmo, ora revolto, mas sempre fluindo.

A dor que mais a moldou, no entanto, não veio de inimigos, nem de estranhos. Veio do sangue. Da casa. Do nome. Das ausências que moravam debaixo do mesmo teto. E, por muito tempo, ela não soube nomear essa dor, apenas sentia.

Durante anos, Hadassa achou que sua dificuldade em se sentir parte era exagero. Mas era real. Sentia que os vínculos familiares sempre foram frágeis, distantes, ríspidos. Sua mãe, embora presente fisicamente, era emocionalmente ausente. Rígida, ocupada e, às vezes, até amarga, ela não sabia demonstrar afeto. Nunca disse "Filha, estou orgulhosa de você", nem sequer um "Eu te amo" que não soasse como obrigação. Quando Hadassa precisava de consolo, recebia correção. Quando queria um abraço, ganhava uma lista de tarefas.

E por mais que quisesse não levar aquilo tão a sério, levava. Porque a criança dentro dela ainda chorava.

O pai de Hadassa, um homem de poucas palavras e muitos silêncios, era, acima de tudo, trabalhador e honesto. Apesar de sua natureza reservada, Hadassa sempre soube do profundo amor que ele nutria por ela. Contudo, essa ausência de demonstrações verbais tornava a compreensão de seus sentimentos um desafio para a jovem. Ela cresceu buscando decifrar os pensamentos de um pai que, mesmo amando, parecia cercado por um muro de silêncio.

Os irmãos de Hadassa também partilhavam um forte e inegável laço de amor que se manifestava na convivência diária. Apesar de estarem unidos por esse afeto, cada um seguia tentando vencer suas próprias batalhas e curar suas próprias feridas. Eles se falavam e se ouviam, mas a intimidade profunda era muitas vezes obscurecida pelas lutas individuais que cada um enfrentava em seu próprio mundo. Hadassa aprendeu que, mesmo com amor e convivência, a jornada de cura é singular para cada membro da família.

Foi só anos depois, já adulta, que ela começou a juntar as peças do quebra-cabeça. Lendo sobre relacionamentos, acompanhando mentores e ouvindo histórias, percebeu que havia um nome para o que sentia: a rejeição emocional familiar. Uma rejeição que não grita, mas cala. Que não bate, mas nega. Que não escandaliza, mas marca profundamente.

Havia dias em que, já casada e com filhos, ela ainda sentia o peso daquela raiz. Como quando, após um dia difícil, sua mãe ligava apenas para saber "se já tinha pagado aquela conta". Ou quando, em uma reunião de família, um comentário inocente fazia seu estômago revirar: "Você sempre foi tão sensível, Hadassa...". Ninguém percebia, mas dentro dela essas frases ecoavam como cutucadas em uma ferida aberta.

Foi por meio dessa dor que Hadassa mergulhou mais fundo na alma. Começou a buscar conselhos, estudou psicologia aplicada à fé e foi aí que descobriu algo que se tornou um divisor de águas: o estudo dos temperamentos.

Lia sobre aquilo como quem encontrava uma chave para um quarto há anos trancado. Quando leu sobre o melancólico, chorou. Não por tristeza, mas por identificação. Era ela. A intensidade emocional, a busca por sentido, a memória afetiva aguçada, o desejo de profundidade nos vínculos. Tudo fazia sentido.

"Agora entendo por que tudo me afeta tanto...", pensou.

Essa descoberta a levou a uma libertação inesperada: não era loucura. Não era carência sem causa. Era o seu temperamento não curado tentando entender o mundo. Isso não a limitava. Pelo contrário, dava clareza sobre como lidar com os seus próprios padrões, inclusive dentro da família.

Ela compreendeu, por exemplo, que sua mãe talvez fosse uma mulher colérica, prática, objetiva, moldada por uma geração que não sabia falar sobre sentimentos. Que o pai talvez fosse um fleumático, daqueles que se escondem no silêncio para não desagradar ninguém. E que seus irmãos poderiam carregar combinações de temperamentos que os impediam de demonstrar sensibilidade.

Tudo isso não justificava o que ela sofreu. Mas explicava. E o que se explica, se ressignifica.

Ela passou, então, a mudar. Não os outros, mas a si mesma. Parou de esperar que seus pais se tornassem ideais. Parou de implorar por acolhimento em jantares gelados. Parou de exigir que os irmãos fossem aquilo que não sabiam ser.

Perdoou, sem que pedissem. Amou, sem que entendessem. E cuidou da própria alma como uma mulher que já não precisava ser salva por ninguém da família, mas que agora se tornava instrumento de cura para os seus.

Foi nesse processo que Hadassa entendeu algo poderoso: há feridas que não serão curadas pelo pedido de desculpas do outro, mas pela maturidade que nasce dentro de nós.

E se sentiu mais livre.

Sim, ainda havia dias de lágrimas. Como quando seu filho mais velho disse: "Mamãe, você está chorando de novo por causa da vovó?". Ela sorriu e respondeu: "Estou chorando porque estou aprendendo a não esperar que alguém me dê o que não aprendeu a oferecer".

Nesse mesmo ano, Hadassa começou a escrever. Suas palavras nasceram do lugar mais profundo da alma. E muitas dessas palavras vieram dos silêncios da infância. Cada dor vivida se transformava em compaixão por quem lia. Cada ausência, agora, se tornava presença na vida de alguém que precisava ouvir: "Você não está só".

Ela percebeu que o que mais doía, aos 40 anos, não era mais a rejeição em si, mas o tempo que passou tentando ser o que esperavam, em vez de se permitir ser o que nasceu para ser. A libertação veio quando entendeu que a cura não é esquecer o passado, é aprender a olhar para ele sem sangrar.

E, por fim, ela fez as pazes com a vida.

Carta ao leitor

Você já sentiu que a sua família não sabia te amar do jeito que você precisava?

Já chorou por não se encaixar, por se sentir diferente, por não receber sequer o básico?

Se sim, eu quero te dizer: eu te entendo.

Eu chorei muito por isso também. Esperei abraços que nunca vieram.

Esperanças que nunca se cumpriram. E, por muito tempo, achei que o problema era eu.

Mas hoje eu sei que há histórias que se repetem por gerações. Pessoas que ferem porque foram feridas. Pais que silenciam porque nunca aprenderam a falar. Famílias que se sustentam por laços de sangue, mas se esquecem dos laços da alma.

Mas há um Pai que vê. Um Pai que te chama pelo nome. Que te entende sem que você precise se explicar. Que não precisa de filtros, de moldes ou de performance.

Esse Pai me ensinou que eu posso ser livre. Mesmo com uma história difícil. Mesmo com uma infância dura. Mesmo que nunca venha um "me perdoa".

E é isso que desejo a você: que aprenda a amar quem não sabe amar.

A perdoar quem não mudou. A seguir levemente, ainda que falte algo. E, principalmente, a se tornar a mudança que tanto esperou nos outros.

Você não é o que te fizeram. Você é o que Deus está te reconstruindo para ser.

Com amor,

Hadassa

Capítulo 12

Quando o autoconhecimento se torna cura

Aos 41 anos, Hadassa não queria mais sobreviver — ela queria viver.

Depois de tantos capítulos escritos com lágrimas, decidiu virar a página com propósito. Já não bastava entender sua dor; queria compreender suas raízes. Decidiu que era hora de se reconstruir, não apenas espiritualmente, mas também intelectualmente, emocionalmente, fisicamente. Ela se matriculou em uma faculdade, reorganizou sua rotina, passou a cuidar da alimentação, da imagem, da forma de falar e de se vestir. E mais: voltou a servir na igreja. Mas, agora, com maturidade.

Já não buscava aplausos. Agora buscava coerência. Ela queria ser uma mulher inteira. Que ama, mas não se anula. Que ouve, mas também fala. Que serve, mas sem se tornar serva da aprovação alheia.

Foi nessa fase que Hadassa viveu um divisor de águas: o autoconhecimento.

Em uma de suas disciplinas da faculdade, ouviu o professor mencionar os temperamentos clássicos. Era uma introdução simples, mas acendeu algo dentro dela. Começou, então, a pesquisar. Lembrou que já tinha ouvido falar sobre isso na igreja, em pregações que tentavam relacionar perfis com personagens bíblicos. Mas agora, pela primeira vez, mergulhava com profundidade no assunto.

Buscou entender as principais teses sobre a mente, como aprofundar na versão de Hipócrates, a releitura cristã por Tim LaHaye, as abordagens de Florence Littauer e até as conexões contemporâneas feitas com MBTI,[1] eneagrama,[2] DISC[3] e psicologia comportamental. Havia variações, mas todos falavam de algo fundamental: cada ser humano carrega traços emocionais dominantes, que influenciam como sente, age, reage e se relaciona.

Hadassa descobriu, com surpresa e alívio, que era melancólica com traços fleumáticos. Tudo fazia sentido. A intensidade, o perfeccionismo, a sensibili-

---

1 Tipologia de Myers-Briggs: modelo de personalidade criado por Katharine Briggs e Isabel Myers que, com base nas teorias de Carl Jung, classifica perfis em 16 tipos a partir de quatro dimensões psicológicas. (N. E.)

2 Eneagrama: sistema de autoconhecimento que descreve nove tipos de personalidade. (N. E.)

3 DISC: modelo de análise comportamental que classifica perfis em quatro estilos principais: Dominância, Influência, Estabilidade e Conformidade. (N. E.)

dade, a introspecção, o amor profundo, a necessidade de silêncio e análise. Ela não era errada, apenas não sabia se interpretar.

Mas não parou por aí. Passou a observar os que estavam ao seu redor. E foi em um pequeno grupo da igreja, formado por mulheres em processo de restauração, que ela viu os temperamentos tomarem forma viva. A cada encontro, não só aprendia, ela se via.

1. Rebeca: a colérica

Rebeca tinha a essência da líder nata, com uma presença inconfundível. Chegava falando alto, tomava decisões rápidas, era prática, objetiva, direta. Essa postura, às vezes até ríspida, inicialmente intimidava Hadassa, que percebia Rebeca como dominadora e avessa a qualquer "drama emocional". A sensibilidade de Hadassa colidia com a franqueza de Rebeca, gerando um desconforto inicial.

Mas quando Hadassa entendeu que o colérico caminha para alcançar pontos específicos, parou de se magoar com a postura firme de Rebeca. Ela percebeu que a natureza colérica de Rebeca valorizava resultados, foco e uma comunicação sem rodeios. Isso permitiu a Hadassa desconstruir a percepção de ofensa pessoal, substituindo-a por uma abordagem clara e direta nas interações. Ela aprendeu que a colérica respeita quem se posiciona com firmeza e clareza, sem titubeios ou subterfúgios.

Mais do que isso, por trás da aparente dureza, Hadassa descobriu uma pessoa leal e justa, pronta para se empenhar e agir em defesa daqueles que amava, contanto que não se sentisse desrespeitada.

Com o tempo, a sensibilidade e a necessidade de conexão de Hadassa (melancólica), aliadas à firmeza e à proatividade de Rebeca (colérica), se complementaram de forma surpreendente, formando uma parceria poderosa e equilibrada. Era a beleza do contraste que edifica, em que a força de uma supria a fragilidade da outra, e vice-versa, resultando em uma sinergia produtiva e uma amizade sólida.

2. Lúcia: a sanguínea

Sua extroversão era evidente na facilidade com que interagia com todos, mas também na sua tendência a esquecer compromissos e dificuldades em dizer não — um reflexo de sua impulsividade e foco no momento presente. Contudo, seu carisma era irresistível. Quando cometia um erro, Lúcia desarmava qualquer raiva com pedidos de desculpas tão genuínos e encantadores que ficava impossível manter qualquer ressentimento.

Hadassa, com seu olhar analítico e sua inclinação à profundidade (traços melancólicos), inicialmente tendia a julgar Lúcia como superficial. Essa percepção, porém, foi se desfazendo à medida que Hadassa compreendeu a essência do temperamento sanguíneo.

Ela percebeu que o sanguíneo vive intensamente o agora, valorizando acima de tudo os vínculos humanos, a emoção genuína e o movimento constante. Hadassa discerniu que, por trás daquela exuberância e da "falação" que por vezes parecia excessiva, havia uma alma que desejava, acima de tudo, ser amada e aceita.

Essa revelação permitiu a Hadassa apreciar a autenticidade de Lúcia, a rir com ela de suas próprias imperfeições e a aprender a relaxar diante da vida. Descobriu que, para lidar com sanguíneos, era preciso carinho, paciência e um toque de leveza. Eles não são desleixados, são regidos pela emoção e vivem de afeto.

3. Silvia: a fleumática

Silvia personificava a calma e a serenidade. Sua disponibilidade era notável, sempre pronta a ouvir e a concordar, raramente se exaltando ou expressando discordância. A aversão de Silvia a conflitos era quase palpável, como alguém que evita o fogo a todo custo. Inicialmente, essa neutralidade irritava Hadassa, que a via como falta de posicionamento ou até mesmo de paixão.

No entanto, o entendimento veio quando Hadassa compreendeu que Silvia era fleumática. Ela aprendeu que os fleumáticos priorizam a harmonia acima da razão, buscando a paz e o equilíbrio em seus ambientes. São observadores perspicazes e profundamente introspectivos, muitas vezes contidos em suas expressões devido a uma insegurança latente e ao medo de desagradar os outros.

Essa cautela em se posicionar, que antes parecia indiferença, era na verdade uma busca por manter a estabilidade e evitar confrontos. Apesar de sua discrição, Hadassa descobriu que os fleumáticos são estáveis, leais e notavelmente constantes em seus relacionamentos e compromissos.

Com Silvia, Hadassa aprendeu o valor inestimável da presença silenciosa. Ela compreendeu que nem toda ajuda precisa ser ativa ou verbalizada e que há uma profunda cura e conforto na simples companhia e no apoio discreto. Hadassa passou a se esforçar para se aproximar mais de Silvia, oferecendo um ambiente de segurança e aceitação. E, aos poucos, presenciou a bela transformação de uma "flor tímida" que, em confiança, começou a desabrochar, revelando uma profundidade e uma força que antes permaneciam ocultas.

4. Débora: a melancólica

Ao observar Débora, Hadassa não apenas a compreendeu, mas também se viu nela de forma dolorosa e reveladora. Ela visualizou o perigo de um melancólico "sem cura": a tendência de afundar em padrões de autoexigência e cobrança excessivas, tanto para si quanto para os outros.

A melancólica, como Débora e Hadassa, ama com uma intensidade profunda, mas essa mesma intensidade pode levar a um sofrimento desproporcional diante das adversidades. A tendência de se fechar, esperando que o outro adivinhe seus sentimentos, e a dificuldade em perdoar mágoas (guardando-as "por séculos") são armadilhas para esse temperamento.

Entender Débora foi, em sua essência, um ato de profundo autoconhecimento para Hadassa. Ao ver os padrões destrutivos do temperamento melancólico refletidos em Débora, Hadassa foi capaz de identificá-los em si mesma e, crucialmente, começar o processo de se perdoar. Essa jornada de empatia e identificação não só solidificou a amizade entre elas, mas também impulsionou Hadassa em direção à cura de suas próprias feridas e à aceitação de sua complexa natureza.

A experiência de Hadassa com Rebeca, Lúcia, Silvia e Débora transcendeu a mera observação de diferentes personalidades; foi uma imersão nas nuances da alma humana. Essa jornada a ensinou que a verdadeira compreensão e a aceitação dos temperamentos são chaves para construir relacionamentos mais autênticos, para aprimorar a comunicação e, fundamentalmente, para o processo contínuo de autodescoberta e crescimento pessoal.

Qual temperamento você acha que mais se aproxima das suas próprias características, ou das de alguém que você conhece?

No grupo, Hadassa aprendeu que os temperamentos não são rótulos limitantes, mas ferramentas poderosas. São pontos de partida para relacionamentos saudáveis. Quando ignorados ou mal compreendidos, podem gerar ruídos na comunicação, brigas desnecessárias e afastamentos dolorosos. Mas quando verdadeiramente compreendidos e aceitos, constroem pontes, fomentam empatia e promovem colaboração.

Ela anotou em seu caderno pessoal:

Melancólico com colérico

Essa combinação é um desafio e uma oportunidade. O melancólico, com sua sensibilidade e necessidade de profundidade, pode se sentir oprimido pela franqueza e objetividade do colérico, interpretando a assertividade como rudeza. Por outro lado, o colérico, focado em resultados e ações, pode se sentir freado pela indecisão ou pela introspecção do melancólico. Para que essa parceria prospere, o respeito mútuo é crucial. O colérico precisa aprender a suavizar sua abordagem e valorizar a profundidade do melancólico, enquanto o melancólico deve se esforçar para comunicar suas necessidades de forma mais direta. Se ambos estiverem dispostos a se ouvir e a valorizar as qualidades um do outro — a visão estratégica do colérico e a atenção aos detalhes do melancólico —, eles podem construir algo incrivelmente duradouro e eficaz.

Sanguíneo com melancólico

Essa dupla representa um belo contraste entre a emoção expansiva do sanguíneo e a profundidade introspectiva do melancólico. O sanguíneo pode ajudar o melancólico a sair de sua bolha de preocupações, ensinando-o a rir, a se soltar e a apreciar a leveza da vida e as conexões sociais. Em contrapartida, o melancólico oferece ao sanguíneo a oportunidade de aprofundar suas emoções, refletir sobre suas ações e desenvolver consistência e organização maiores. Eles se equilibram: um impulsiona o outro para a alegria e a extroversão e convida à reflexão e à sensibilidade, formando uma parceria que amadurece ambos.

Colérico com fleumático

Aqui, temos a união da decisão e proatividade do colérico com a calma e a estabilidade do fleumático. O colérico, com sua capacidade de tomar rédeas e iniciar projetos, pode encontrar no fleumático um parceiro leal e um executor paciente. O fleumático, por sua vez, pode oferecer uma perspectiva ponderada e a capacidade de suavizar os impulsos do colérico, agindo como um "freio" natural. No entanto, é vital que o colérico aprenda a não dominar ou menosprezar a contribuição do fleumático e que o fleumático não fuja da responsabilidade de se posicionar ou de compartilhar suas ideias, mesmo que de forma mais contida. Quando há equilíbrio, o colérico lidera com visão e o fleumático garante a execução com consistência e harmonia.

Sanguíneo com colérico

Essa combinação é caracterizada pela paixão e pela ação, resultando em uma dinâmica intensa e potencialmente muito produtiva. Ambos são voltados para o fazer e para o impacto. O sanguíneo traz o entusiasmo, a energia social e a criatividade, enquanto o colérico oferece a determinação, a liderança e a capacidade de transformar ideias em resultados. No entanto, a intensidade de ambos pode levar a conflitos de poder e a uma dificuldade em ceder. Para que prosperem, eles devem aprender a ceder, cada um a seu modo: o sanguíneo pela busca do amor e da harmonia nas relações; o colérico pela sua inerente busca pela verdade e retidão. Essa tensão pode ser construtiva se eles canalizarem suas energias para objetivos comuns, aprendendo a valorizar a perspectiva um do outro.

A compreensão dessas dinâmicas não apenas fortaleceu os laços de Hadassa com seu grupo, mas também a equipou com um mapa valioso para navegar nas complexidades dos relacionamentos em todas as esferas da vida.

E, claro, você pode estar lendo neste momento e dizer: “Mas existem outros tipos de análises que prefiro". Sim, existem mesmo. MBTI, DISC, eneagrama, inteligências múltiplas,[4] entre outras. No meu caso, preferi adotar essa, que inclusive me ajudou e continua auxiliando a alcançar pessoas. Com o direcionamento do Espírito Santo, tenho visto homens e mulheres saindo dessa cova hostil e escura chamada rejeição.

Você já notou como essas dinâmicas se manifestam em seus próprios relacionamentos?

Naquela fase, Hadassa já não estava mais tentando salvar o mundo.

Estava, enfim, aprendendo a ser parte dele com lucidez e compaixão. Não mais atuando. Agora, amando a si e aos outros.

E, sobretudo, permitindo-se ser amada do jeito que era.

---

4 Inteligências múltiplas: teoria de Howard Gardner que propõe diferentes formas de inteligência humana, como linguística, lógico-matemática, espacial, corporal-cinestésica, musical, interpessoal, intrapessoal e naturalista. (N. E.)

Teste rápido de temperamento

Esta é uma ferramenta simples, mas reveladora. Use com sinceridade e veja o que ela pode lhe mostrar sobre si mesmo.

Para cada uma das perguntas abaixo, leia atentamente as alternativas e escolha aquela que melhor descreve seu jeito mais natural de ser, não como você gostaria de ser, mas como você costuma reagir espontaneamente.

1. Em um grupo, como você normalmente se comporta?

a. Sanguíneo: Gosto de conversar, de estar rodeado de pessoas e de me expressar com entusiasmo. Sou sociável, espontâneo e trago leveza aos ambientes.

b. Colérico: Tendo a assumir a liderança. Sou direto, objetivo e gosto de organizar, decidir e fazer acontecer.

c. Melancólico: Observo antes de falar. Gosto de profundidade nas conversas, penso bastante antes de agir e sou sensível ao que acontece ao meu redor.

d. Fleumático: Sou tranquilo e pacífico. Prefiro ouvir a falar, evito conflitos e costumo manter a calma, mesmo em ambientes agitados.

2. O que mais te motiva na vida?

a. Sanguíneo: A conexão com as pessoas, novidades, criatividade e experiências divertidas. Viver intensamente o agora é o que me move.

b. Colérico: Metas, desafios, conquistas. Quero deixar minha marca, alcançar resultados e sentir que estou no controle.

c. Melancólico: O sentido das coisas. Busco propósito, qualidade e coerência. Faço questão de fazer tudo com excelência.

d. Fleumático: Paz, segurança e estabilidade. Prefiro caminhos mais previsíveis e tranquilos, sem grandes confrontos.

3. Diante de situações difíceis ou de pressão, como você costuma reagir?

a. Sanguíneo: Tento levar com leveza, às vezes até brincando. Não gosto de guardar mágoas, mas posso me dispersar facilmente.

b. Colérico: Entro em modo de ação. Posso ser mais ríspido e impaciente, mas não fujo da responsabilidade. Quero resolver logo.

c. Melancólico: Me fecho, analiso os detalhes, reflito muito sobre tudo. Às vezes, demoro a reagir porque me sinto sobrecarregado.

d. Fleumático: Busco manter a calma e evitar conflitos. Posso demorar para agir, mas tento equilibrar tudo com paciência.

Como interpretar seus resultados

- Se você marcou mais letras A, seu temperamento predominante é sanguíneo.
- Se marcou mais letras B, é provável que você seja colérico.
- Se predominou a letra C, você tem traços fortes do melancólico.
- Se a maioria foi letra D, o seu perfil principal é o fleumático.

Importante: a maioria das pessoas possui uma combinação de temperamentos e isso é saudável. Este teste não coloca rótulos, mas oferece um espelho. Serve para te ajudar a se compreender, se aceitar e se desenvolver.

Carta ao leitor

Você já sentiu que não se encaixa?

Já tentou ser como alguém para ser aceito? Já se perguntou por que reage tão fortemente a pequenas coisas, ou por que certas pessoas te tiram do sério com facilidade?

Talvez o que você precise não seja mudar quem é, mas entender quem é.

Autoconhecimento não é vaidade. É maturidade. É quando paramos de nos ferir por sermos diferentes. É quando deixamos de esperar que o outro nos compreenda e começamos a compreender o outro.

Os temperamentos são um mapa. Um espelho. Uma chave.

Quando eu entendi o meu e o dos que me cercam, parei de lutar contra o que não era defeito, apenas diferença.

E sabe o que é mais bonito?

A cura começa quando nos olhamos com compaixão. Você não precisa ser outro. Precisa ser inteiro.

E inteiros amam melhor.

Com carinho e clareza,

Hadassa

Capítulo 13

A redescoberta da autoimagem

Hadassa sempre teve uma relação turbulenta com o espelho. Desde cedo, aprendeu a se esconder, por vergonha, por comparação, por medo de ser vista e, ainda assim, rejeitada. Havia nela um desconforto silencioso: não sabia ao certo como se expressar sem parecer fútil, nem como se cuidar sem se culpar.

Durante anos, sua vaidade foi sufocada por discursos distorcidos que diziam que a beleza exterior era pecado. Ela acreditou. E, na tentativa de ser "espiritual", deixou de ser sensível consigo mesma. Suprimia seu desejo de se arrumar, de sorrir com liberdade, de se reconhecer como mulher, como pessoa, como alguém digna de afeto e admiração.

Quando começou a se envolver mais com a fé, passou a ouvir conselhos que, embora bem-intencionados, traziam consigo uma carga de repressão. "Não se arrume demais." "Evite chamar atenção." "A beleza da mulher está no espírito manso e tranquilo." Era verdade, mas uma verdade distorcida. O espírito manso é virtude; a negação da identidade, não.

Por dentro, Hadassa queria florescer. Mas, por fora, se moldava a um padrão de invisibilidade. Roupas largas. Cabelos presos. Postura retraída. Era como se não quisesse ser notada para não ser rejeitada outra vez.

Mas algo começou a mudar.

Certa vez, em uma mentoria para mulheres, ouviu a seguinte frase: "Quando negamos nossa beleza, negamos parte da imagem de Deus em nós". Aquilo a atingiu como um raio de lucidez. Nunca tinha pensado assim. E ali, com lágrimas nos olhos, sentiu que era hora de reaprender a se olhar.

Não seria um processo fácil. Cada espelho trazia lembranças. Cada elogio gerava medo. Cada tentativa de se arrumar era acompanhada de um sentimento de culpa. Mas Hadassa persistiu. Entendeu que amar a si mesma era, também, um ato de adoração, um reflexo do amor de Deus por ela.

Começou devagar. Cuidou da pele. Depois, dos cabelos. Investiu em roupas que traduzissem sua essência. Não para agradar os outros, mas para se sentir coerente consigo mesma. E, aos poucos, foi se vendo, de verdade, pela primeira vez.

Essa redescoberta não era sobre estética. Era sobre identidade.

A história de Rebeca

Rebeca era aquela irmã "de oração". Sempre com a Bíblia em mãos, sempre disponível para ajudar. Por fora, inabalável. Por dentro, partida em muitos pedaços.

Nunca se achou bonita. Nem digna. Cresceu ouvindo que o exterior não importava — e acreditou. Mas confundiu santidade com apagamento. Achava que se arrumar era vaidade. Que se cuidar era orgulho. Então, escondia seu corpo em roupas largas e seu rosto em olhares baixos. Rejeitava elogios com um "para com isso", como se recebê-los fosse pecado.

Sua identidade estava aprisionada nessa visão distorcida. Ela carregava o peso de uma abnegação que não vinha de uma genuína humildade, mas de uma profunda insegurança. A tristeza de não se sentir digna refletia-se em sua postura e em sua relação com o próprio corpo.

Mas Deus via sua dor. E, um dia, numa conferência de mulheres, ela ouviu uma frase que mudou tudo: "Deus não nos chamou para o descuido, mas para o equilíbrio".

Pela primeira vez, entendeu que cuidar de si era um ato de adoração. Que seu corpo não era inimigo. Era templo.

Essa revelação desfez anos de crenças limitantes. Rebeca chorou, permitindo-se sentir a dor da autonegligência. Pela primeira vez, ela entendeu que cuidar de si mesma era um ato de adoração a Deus. A percepção de que seu corpo não era um inimigo a ser escondido, mas um templo sagrado a ser honrado, transformou sua perspectiva.

A partir dali, passou a investir no autocuidado, não para agradar os outros, mas para honrar a si mesma. E o mais belo: seu semblante mudou. O brilho voltou aos olhos. Não porque passou a usar batom, mas porque passou a se enxergar com os olhos da Graça. Ela se permitiu a beleza de ser vista, de se sentir digna.

A jornada de Rebeca mostra que a verdadeira fé nos liberta para sermos inteiros. O cuidado próprio, quando feito com consciência e amor, é uma manifestação de gratidão pela vida. Ela aprendeu que a Graça não apaga quem somos, mas nos capacita a florescer exatamente onde estamos.

Hadassa entendeu isso, assim como a história de Rebeca nos leva na direção de compreender essa verdade.

Aplicações práticas: Reconstruindo a imagem com propósito

Se você deseja trilhar esse caminho de reconciliação com sua autoimagem, aqui estão alguns passos que a própria Hadassa vivenciou:

1. Revisite sua história: Quando foi a primeira vez que você se sentiu feio, inadequado, errado? De quem era aquela voz?

2. Rasgue os rótulos antigos: Talvez alguém disse que você era "gordo demais", "magro demais", "alto demais", "baixo demais", "sem graça", "sem estilo". Rejeite isso. Nenhuma dessas categorias define quem você é.
3. Cuide do seu corpo com respeito: Alimente-se melhor, movimente-se, beba água, cuide da sua pele. Isso não é futilidade, é zelo.
4. Vista-se com verdade: Escolha roupas que expressem quem você é hoje, não a versão que você criou para agradar os outros.
5. Olhe-se com compaixão: Troque a crítica pela curiosidade. Em vez de "como estou horrível", pergunte: "O que está acontecendo comigo hoje?".
6. Peça ajuda se precisar: Terapia, discipulado, leitura, tudo isso pode ser ferramenta de Deus para te auxiliar na cura.
7. Ore por novos olhos: Porque a cura da autoimagem começa na alma. E quem cura a alma é o Espírito Santo.

A Oração do Espelho

Senhor,

Hoje me olho no espelho e confesso: ainda não gosto de tudo o que vejo.

Há marcas que carrego não só na pele, mas na alma. Há palavras que ecoam toda vez que tento me amar. Há silêncios que gritam quando ninguém me elogia.

Mas hoje, Pai, eu não quero mais viver refém dessas vozes. Eu quero me ver como Tu me vês.

Quero olhar para mim e enxergar propósito, beleza, identidade.

Ensina-me a cuidar de mim como um ato de honra, não de vaidade.

Livra-me da comparação. Cure-me da culpa. Lave-me da rejeição.

E que, dia após dia, eu aprenda a amar esse corpo, essa história, esse rosto, não porque são perfeitos, mas porque são Teus. À Tua imagem e semelhança!

Amém.

Carta ao leitor

Se você, como eu, cresceu sem saber como se olhar com amor, eu te entendo.

Se você aprendeu que se cuidar era pecado, que se sentir bonito era errado, que elogios são perigosos, eu te abraço.

A verdade é que fomos moldados para nos escondermos. Mas o Evangelho nos chama para a luz.

Deus não te fez para o apagamento. Ele te fez para refletir Sua imagem.

E essa imagem não é apenas espiritual. É emocional. É física. É inteira.

Cuide de você. Ame sua aparência. Invista no seu bem-estar.

Não por vaidade. Mas por honra.

Você é lindo. Porque é filho.

E Deus não faz obra inacabada.

Com carinho e verdade,

Hadassa

Capítulo 14

A cura que vem do Espírito Santo

Caminhamos bem até aqui, e Hadassa estava cansada. Não era um cansaço físico, tampouco um desânimo passageiro. Era o tipo de exaustão que mora nos ossos, que pesa na alma e que, mesmo depois de uma boa noite de sono, ainda permanece. Já havia caminhado muito: enfrentara traumas, expusera feridas, reescrevera narrativas. Mas, apesar de tantos passos, ainda sentia um vazio espiritual. Era como se tivesse limpado a casa, mas faltasse acender a luz.

Foi nesse contexto que conheceu um casal de pastores.

O encontro não foi planejado, como quase nunca é quando se trata de encontros divinos. Foi em um evento pequeno, sem holofotes. Ela estava ali por insistência de uma amiga, quase contrariada, sem grandes expectativas. Mas bastou um olhar, uma saudação, uma pergunta com interesse genuíno, e algo dentro dela se moveu.

Eles não perguntaram "Onde você congrega?", nem exigiram um currículo espiritual. Disseram apenas: "Queremos te ouvir. Que tal um café, uma mesa, sem pressa?".

Foi nessa mesa, simples e carregada de presença, que Hadassa começou a perceber que havia um nível mais profundo de cura: o espiritual. Até ali, lidara com as dores emocionais, psicológicas, familiares. Mas havia uma ferida que afetava seu relacionamento com Deus e ela ainda não sabia disso com clareza.

Os pastores não a pressionaram. Não a corrigiram com dureza. Apenas escutaram. E, enquanto ela falava, eles discerniam. Entre uma lágrima e outra, começaram a entender o que o Espírito desejava trabalhar na vida de Hadassa e o que ela carregava.

"Você foi vestida pela vida com uma roupa que não combina com sua identidade", disse a pastora com firmeza. "Mas, hoje, o Senhor quer te vestir com vestes novas."

Naquele dia, Hadassa chorou de um jeito que nunca havia feito. Não de dor, mas de alívio. Como quem finalmente entende que não está lutando sozinha. Como quem percebe que o céu inteiro e a Trindade estão a seu favor para restaurá-la por completo.

A partir desse encontro, os momentos de mesa se tornaram frequentes. Havia espaço para perguntas, para confrontos amorosos, para estudo bíblico, para oração. Mais do que discípula, Hadassa se sentiu filha. E isso era novo e curativo.

Espírito Santo e a rejeição

Na caminhada, os pastores ensinaram para Hadassa algo transformador: a rejeição, muitas vezes, é uma porta espiritual. E não basta tratá-la apenas com psicologia (é importante no processo), mas é preciso romper com ela no espírito.

Ela entendeu que a rejeição abre brechas. Brechas que atraem medo, insegurança, orfandade espiritual, autoacusações, orgulho, incredulidade, isolamento. É como um eco invisível que vai moldando a forma como nos relacionamos com Deus e com os outros.

"Se não somos curados da rejeição, a projetamos em nossos relacionamentos, até mesmo com Deus."

Foi essa a frase que ecoou em seu coração por semanas.

Ela começou a perceber como, mesmo nas orações, se sentia inadequada. Pedia perdão demais e declarava amor de menos. Achava que Deus a tolerava, não que a celebrava. Via o Pai com os olhos do passado, como se Ele fosse semelhante àqueles que a haviam rejeitado.

Mas, com o discipulado, sua visão foi sendo purificada.

Teve acesso a ensinos sobre adoção espiritual, identidade em Cristo, autoridade no Espírito e a realidade das batalhas invisíveis que travamos. Descobriu que muitos dos ciclos de dor que viveu eram alimentados por pactos internos: crenças silenciosas como "eu nunca serei suficiente" ou "sempre serei deixada para trás". Pior ainda, todo ensino religioso errado que carregava e abuso espiritual apenas desestruturaram sua identidade.

Essas antigas alianças e crenças foram quebradas em oração. Em jejum. Em renúncia.

E, principalmente, na verdade da Palavra.

Certa noite, sentaram-se à mesa com outros irmãos. Compartilhavam sobre o poder do discipulado. E a pastora disse algo que Hadassa nunca mais esqueceria:

"Existem feridas que só se curam na presença de Deus. E a presença Dele se manifesta onde há verdade, humildade e entrega."

Nesse período de encontros, Hadassa viveu libertações profundas. Ali, entendeu que:

- Rejeição é porta para orfandade, e Deus é o Pai que adota;
- Rejeição é semente de orgulho ou autoaniquilação, e o Espírito Santo é o equilíbrio;
- Rejeição nos cala ou nos torna agressivos, e Jesus é a Palavra viva que nos devolve a voz.

Houve noites de lágrimas e outras de risos. Houve revelações, visões, textos que pareciam escritos para ela. Mas, acima de tudo, houve presença. E foi essa presença que curou o que a psicologia apenas diagnosticou.

Essa presença não era uma teoria distante ou um conceito abstrato, era uma força viva e palpável, um abraço invisível que preenchia os vazios mais profundos da alma de Hadassa, oferecendo conforto onde antes havia apenas dor.

Hoje, Hadassa já não vê a espiritualidade como um conjunto de rituais. Vê como um caminho de intimidade. De mesa. Onde o pão é partido e as histórias são compartilhadas sem pressa. Num convívio genuíno e descomplicado. De Pai e filha.

Um relacionamento construído sobre amor incondicional e aceitação plena, em que a vulnerabilidade é acolhida e a perfeição é desnecessária.

De quem sabe que está segura, não por seguir regras ou fórmulas, mas por estar intimamente no coração de quem a ama profundamente, encontrando paz e propósito na simplicidade desse vínculo. Um amor que vai além da compreensão da sociedade, é o amor sacrificial de Jesus.

Carta ao leitor

Talvez você já tenha tratado sua dor com palavras, com terapia, com conselhos. Tudo isso é bom.

Mas há dores que só o Espírito pode curar. Elas se aninham em camadas tão profundas da alma que a lógica e a razão não conseguem alcançar. São feridas que, mesmo "resolvidas" superficialmente, continuam a pulsar, afetando sua identidade e suas relações.

A rejeição, muitas vezes, é uma corrente espiritual. E para quebrá-la, você precisa da presença. Precisa da Palavra, que é viva e eficaz, capaz de penetrar até o âmago da sua alma e revelar sua verdadeira identidade em Deus.

Precisa de alguém que sente com você, que seja um guia compassivo e te conduza ao colo do Pai, no qual a cura é plena e o amor, incondicional.

Se hoje você sente que já fez de tudo, que esgotou todas as alternativas, mas a ferida ainda lateja, talvez esteja na hora de buscar mais do Espírito. De se abrir para o discipulado, para um relacionamento em que você é visto, amado e ensinado. De sentar à mesa.

Na mesa, há cura.

Não é apenas um lugar físico, é um ambiente de vulnerabilidade e entrega. Há pão, que alimenta não só o corpo, mas a alma exausta. Há verdade, que liberta e reconstrói o que foi distorcido pela dor e pela mentira.

Na mesa, Jesus parte o que somos, nossas dores, nossas máscaras e nossos medos, para que sejamos refeitos. Ele não ignora suas cicatrizes, mas as transforma em testemunho de Sua graça. É um processo de rendição, em que você permite que Ele restaure sua essência e revele o propósito que Ele tem para você.

Você não precisa mais lutar sozinho.

Você tem um Pai que anseia por sua companhia, que te conhece intimamente e te ama sem reservas. Você tem uma identidade, forjada no amor Dele, não nas opiniões ou rejeições alheias.

E tem um lugar à mesa.

Com fé e esperança,

De uma eterna discípula...

Capítulo 15

Quando a ferida quer liderar

Suelen sempre foi vista como uma mulher decidida. Dessas que tomam a frente, resolvem rápido, falam com firmeza. Quem a observava de fora via eficiência. Quem a conhecia um pouco mais, via competência. Mas só ela sabia da inquietação que morava por trás dessa performance impecável.

Desde muito cedo, aprendeu que, se não fosse a melhor, não seria escolhida. Cresceu se esforçando para alcançar lugares onde a aceitação parecia sempre condicional. A voz interna repetia, como um eco persistente: "Seja útil. Seja necessária. Não seja esquecida".

Ela não se via como insegura, afinal, era produtiva, envolvida, admirada. Mas a verdade é que, por trás de tanto movimento, havia uma alma exausta tentando provar, a cada novo desafio, que merecia estar ali.

E foi com esse coração cheio de fé, mas ainda faminto por validação, que Suelen recebeu o convite para liderar um novo pequeno grupo. Ela sorriu. Agradeceu. Comprometeu-se na hora. Servir sempre foi seu prazer, mas havia algo mais profundo pulsando por trás daquela aceitação. Não era apenas um chamado. Era, sem que ela percebesse, uma tentativa de finalmente se sentir suficiente.

Ela entrou com tudo. Planejou, organizou, estruturou. O grupo crescia, os elogios vinham e o que era para ser leve virou cobrança pessoal. Cada ausência de reconhecimento se tornava um lembrete da ferida que ainda sangrava. Bastava o pastor elogiar outra pessoa e ela se retraía. Bastava uma crítica e sua semana desmoronava. O problema não era a função. Era a motivação. Era a ferida tentando liderar.

Foi quando ouviu um sermão diferente. Direto. Preciso. Que falava ao ponto mais escondido de sua alma:

"Esteja preparado para ser rejeitado quando se recusar a ser manipulado."

Ela congelou. Sentiu o Espírito tocar. Estava ali, mais uma vez, se curvando ao controle que tanto odiava. Bastava alguém aplaudir para que ela cedesse. Bastava alguém ignorar para que ela desabasse. E naquele jogo sutil, a ferida ditava as regras.

Na mesma noite, o pregador citou Jefté.

Aquele homem rejeitado desde o ventre. Filho de uma prostituta, expulso pelos irmãos, ignorado pelo pai. E quando Israel precisou, correram atrás dele.

"Vocês me expulsaram e agora me querem?"

Jefté não voltou por amor. Voltou por revanche. E fez um voto insano: oferecer em sacrifício o primeiro que saísse de sua casa.

Não foi fé. Foi desespero.

Ele venceu a guerra...

Mas perdeu a filha.

Quem venceu aquela batalha?

A ferida.

E Suelen se viu ali. Claramente.

Quantas vezes lutou por status, não por missão?

Quantas vezes serviu por carência, não por amor?

Quantas decisões importantes tomou guiada pela dor?

Naquela semana, Deus a levou a um profundo processo de discernimento. Como uma terapia guiada pelo Espírito, ela começou a mapear sua trajetória através dos Princípios da Abertura de Feridas:

1. Exposição da Ferida

Seus excessos eram súplicas não verbalizadas. Fazia mais do que devia. Ajudava mais do que podia. Era sua forma de dizer: "Vejam-me!".

2. Disfarce da Ferida

Usava a força como escudo. Era a mulher "forte", "decidida", "liderança nata". Mas sua fortaleza era feita de cacos bem empilhados.

3. Espiritualização da Ferida

Sabia os textos. Tinha argumentos. Mas o que era para ser cura, se tornava verniz. Citava versículos enquanto sangrava por dentro.

4. Compensação da Ferida

Assumia tudo. Fazia tudo. Esperava tudo. Mas, sem perceber, feriu quem a lembrava daquilo que ela mesma queria esquecer: que ainda doía.

5. Propagação da Ferida

Começava a exigir dos outros a validação que exigia de si. Tratava mal quem não a reconhecia. Repetia os traumas com uma nova roupagem.

Suelen chorou. Mas foi um choro limpo. Não mais de autocomiseração, mas de rendição.

Naquele mesmo dia, orou de forma sincera:

"Senhor, eu não quero mais liderar pela dor. Quero liderar pelo Teu amor."

E o Espírito lhe mostrou Jesus.

Aquele que foi rejeitado. Por amigos. Pela família. Pelos mestres da lei. Pelo próprio povo.

"Veio para os seus, e os seus não o receberam" (João 1:11).

Na cruz, a maior rejeição foi selada. Foi negado. Escarnecido. Humilhado. Mas não reagiu com raiva. Não fez voto de vingança. Não tentou provar nada.

Ele foi rejeitado para que fôssemos aceitos. Ele sangrou para que fôssemos curados.

Naquela noite, Suelen sentou com sua Bíblia no colo e, pela primeira vez, compreendeu:

A cura não está no cargo. A liberdade não está no reconhecimento. A verdadeira liderança nasce do colo, não da carência.

Ali, num altar íntimo, fez um novo voto. Não emocional, mas espiritual:

"Eu não vou mais sacrificar meus vínculos por vaidade. Eu não vou mais permitir que a dor dite minhas escolhas. Eu não preciso provar que sou forte. Eu já fui aceita."

Carta ao leitor

Você já liderou pela dor?

Já entrou em batalhas para provar quem é?

Já buscou espaço por medo de não ser visto?

Já falou bonito, mas calou por dentro?

A ferida, quando não curada, quer governar. Ela seduz, manipula, exige. Mas nunca sacia. Só cobra.

Jesus não te chamou para vencer com espada. Te chamou para servir com amor. Te chamou para curar, e não repetir ciclos.

Talvez hoje seja o dia de largar os votos emocionais. De devolver as vestes pesadas. De silenciar a voz da dor.

Você não precisa mais carregar isso. Você já é aceito.

Na cruz, sua identidade foi selada. Na mesa, você é filho. Na presença, você é inteiro. E quando a ferida silenciar, você finalmente ouvirá a voz do Pai dizendo:

"É você quem Eu escolhi."

Com amor e verdade,

Jesus, o Cristo

Capítulo 16

Reconfigurar-se

Recomeçar parecia clichê para quem via de fora. Mas para Camila, era a primeira vez que o recomeço vinha de dentro para fora. Não era mais um impulso para fugir da dor ou para mostrar força. Era um chamado silencioso para reconstruir.

Havia nela uma fome de paz, de verdade, de pertencimento que não estivesse mais atrelado à performance ou à necessidade de ser aceita. Queria algo novo e, dessa vez, sabia que esse novo teria de nascer da maturidade, não da carência.

Foi nesse contexto que reencontrou Hadassa, uma amiga que conhecia bem o caminho das feridas e da cura. Depois de ouvir um pouco da atual situação de Camila, Hadassa, com paciência e clareza, começou a ajudá-la a compreender o status real da sua dor e a vislumbrar um lugar de mudança.

— Camila, você não precisa apagar o que viveu. Mas precisa decidir que o que viveu não vai mais ditar o que você vai viver — disse Hadassa, com firmeza e afeto.

Aquelas palavras ficaram ecoando.

Após muitos ciclos de perdas e tentativas frustradas, Camila decidiu dar um passo ousado: mudou de cidade. Escolheu um bairro mais próximo da igreja que Hadassa frequentava, onde sabia que teria um ambiente seguro para crescer espiritualmente, e também perto de um centro empresarial com novas oportunidades de trabalho. Não foi uma fuga apressada, mas uma escolha estratégica e consciente.

Com o incentivo de Hadassa, Camila começou a estudar com mais intensidade e buscar certificações na área que sempre sonhara, mas que, por medo, nunca explorara. Abriu espaço para a inteligência emocional e para o autoconhecimento, aprendendo a identificar como os padrões de rejeição haviam moldado não só seus relacionamentos e comportamentos, mas também a forma como se via.

Passou a cuidar da saúde, da imagem e das finanças. Deixou de gastar para impressionar e passou a investir para crescer. Pela primeira vez, começou a se olhar com os olhos que Deus sempre usou: olhos de propósito, não de punição.

O novo emprego não veio facilmente. Foram entrevistas em que quase voltou a duvidar de si mesma. Mas algo havia mudado: já não buscava aprovação por medo de não valer. Sabia quem era e, se não fosse naquele lugar, seria em outro. E foi. Destacou-se na entrevista — como ouviu depois no feedback

— porque transmitiu verdade. Foi contratada por uma empresa que valorizou sua trajetória, não apenas seu currículo.

Pouco tempo depois, foi convidada para participar de um pequeno grupo na igreja local, liderado por Hadassa. Ali, encontrou mulheres com histórias que se pareciam com a sua: uma recém-divorciada, uma jovem que havia sofrido abuso, uma viúva solitária... E, em cada rosto, Camila via pedaços de si mesma em outras fases.

Não havia pressa. Não havia cobrança. Havia um espaço seguro onde ouvir era tão importante quanto falar. A rejeição, aos poucos, deixava de ser a lente que distorcia tudo. Era uma página virada, não esquecida, mas agora transformada em ponte para alcançar outras.

Foi nesse ambiente que Camila começou a florescer de verdade. Fez novas amizades, desenvolveu habilidades, descobriu dons que não sabia que tinha. Sua vida já não era uma fuga da dor, mas um testemunho vivo de superação.

Durante um encontro, Hadassa compartilhou algo que impactou Camila profundamente: o cérebro é plástico, capaz de se reconfigurar. Práticas como autocuidado, autocompaixão e conexões saudáveis podiam literalmente reprogramar a forma de lidar com a dor. Essa informação foi libertadora. Descobriu que a dor não era sentença. Que poderia fortalecer novas conexões mentais e emocionais, como quem treina um músculo, e criar caminhos para resiliência e bem-estar.

A nova Camila já não era movida pelo medo. Agora, também ajudava outras, plantando destino com palavras, conselhos e abraços. Porque quem foi rejeitado, quando curado, aprende a incluir sementes que geram vida como ninguém.

Carta ao leitor

Você também já sentiu que precisava começar de novo, mas o peso do passado parecia grande demais?

Talvez esteja nesse ponto agora, entre o medo de repetir velhos ciclos e o desejo sincero de se tornar alguém novo. Entre as cicatrizes do que viveu e o chamado do que ainda pode viver.

Eu entendo. Camila também entendeu.

Reconfigurar-se não é apagar o que passou. É olhar para a história com honestidade e decidir que, a partir de hoje, você vai escrever uma nova página, não com raiva, mas com responsabilidade.

A rejeição deixa marcas? Sim. Mas a maturidade transforma marcas em mapas. E é assim que a cura começa: entendendo que você não é o que te feriu, mas o que você decide fazer com isso.

Então, hoje, eu te convido: abrace sua história, acolha suas dores, reeduque sua mente, reconfigure seu coração.

E lembre-se: você não está só. Deus é especialista em reconstruções. Ele pega os cacos e transforma em algo novo, mais belo e mais forte do que era antes.

Sua vida ainda tem muito a florescer. A dor é só uma estação, não é o fim. Há beleza esperando para ser revelada e um propósito que se desdobra a cada passo de cura.

Com coragem e fé,

Camila ... agora reconfigurada

Capítulo 17

A nova identidade

A maturidade não chegou para Hadassa como um título ou reconhecimento humano. Ela não vinha de elogios no trabalho, nem de aplausos na igreja, mas da transformação silenciosa que Cristo estava operando nela.

Assim como as pessoas que ela havia acompanhado e visto saírem do seu estado de dor, mudando de endereço, de emprego, de igreja, de ministério e até de liderança, Hadassa também passou por suas próprias mudanças. Mudanças que não foram apenas geográficas ou profissionais, mas profundas, internas, moldando sua maneira de ver e viver.

A nova roupagem que os outros viam — nos pequenos grupos, no emprego, na família e nas amizades — não era fruto de técnicas ou de força de vontade, mas da identidade verdadeira que ela havia encontrado em Jesus.

E isso começou a ficar evidente nas pessoas que Deus colocava em seu caminho. No novo emprego, na nova igreja, no pequeno grupo, nos corredores da vida, havia olhos buscando direção, corações feridos buscando tradução para dores que nem sabiam nomear.

Certa tarde, durante um café simples após o culto, uma jovem chamada Clara compartilhou o que parecia ser apenas uma conversa informal. Mas seus olhos, inquietos, denunciavam que algo pulsava além das palavras. Tinha 22 anos, voz doce, mas um histórico pesado. Sofrera rejeição na infância, críticas constantes da mãe e abandono do pai. Sempre se sentira invisível. E agora, na vida adulta, não conseguia manter vínculos. Saía de relacionamentos com a alma sempre esvaziada. Hadassa ouviu. Apenas ouviu. E, com ternura, disse:

— Você não é o que perdeu. É o que está sendo restaurado.

Essa frase pareceu acionar algo. Clara chorou. E naquela mesa pequena, uma nova semente foi plantada.

Outra vez, um colega de trabalho, Marcos, um gerente experiente e aparentemente seguro de si, confidenciou que sua ansiedade o fazia duvidar de sua capacidade.

— Eu sou bom até o momento em que alguém melhor aparece — confessou, com um sorriso amargo.

Hadassa, que já tinha visitado esse lugar da comparação cruel, não tentou dar lições. Olhou com sinceridade e disse:

— Você não precisa competir por um lugar que Deus já reservou para você.

Marcos não respondeu de imediato, mas dali em diante começou a chamá-la com mais frequência para conversar. Não por conselhos técnicos, mas por saber que ali havia segurança emocional.

Esse era o novo tempo de Hadassa: ser abrigo. Não por saber todas as respostas, mas por ter passado pelas mesmas perguntas. Ela compreendia que cada pessoa trazia uma dor embutida em camadas, algumas mais visíveis, outras guardadas em silêncio. Mas como alguém que já viveu a rejeição em muitas formas, ela sabia identificar os olhos que pedem socorro mesmo em rostos sorridentes.

E então ela se preparava. Estudava mais. Buscava leituras terapêuticas e bíblicas. Procurava mentores. Não queria apenas sentir empatia, queria ser canal de cura com sabedoria. Entendeu que há feridas que não se tocam com pressa, que há pessoas que precisam de espaço para se reconstruírem sem pressão. E também percebeu que, às vezes, a rejeição não aparece com palavras duras, mas com ausências sutis, com olhares vazios, com silêncios densos.

Num desses encontros semanais do pequeno grupo, Hadassa propôs um exercício: escrever uma carta para si mesma, com o olhar de Deus. Algumas resistiram. Outras choraram. Mas todas escreveram. E ao lerem em voz alta — cada uma, em seu tempo —, algo se quebrou. Algumas, pela primeira vez, disseram "Eu sou amada", outras "Eu sou perdoada", e algumas apenas silenciaram com os olhos molhados, como se as palavras finalmente tivessem pousado onde antes só havia dor.

Hadassa, ali, percebeu o real poder da presença curadora. A mulher que um dia desejou desaparecer agora servia de ponte para tantas outras se reencontrarem.

Ela não havia se tornado "perfeita". Ainda errava. Ainda tinha dias de dúvidas. Mas a diferença era que agora ela sabia onde buscar respostas. E mais do que isso: sabia apontar esse caminho para os outros.

A rejeição que um dia a fez calar, agora a fazia falar, não como quem grita por socorro, mas como quem oferece direção. Sua vida se tornou um testemunho vivo da graça transformadora de Deus. As cicatrizes que carregava não eram mais marcas de vergonha, mas evidências do cuidado divino, cada uma contando uma história de como a mão de Cristo a ergueu do desespero.

Hadassa descobriu que a verdadeira cura não residia na ausência de falhas, mas na constante busca por Jesus e na entrega de suas imperfeições aos pés da cruz. Ela compreendeu que a rejeição humana, por mais dolorosa que fosse, nunca poderia apagar o amor incondicional de Deus. Por isso, sua voz — antes silenciada pela dor — agora se elevava para anunciar as Boas Novas. Não com a arrogância de quem se julga sem pecados, mas com a humildade de quem foi alcançada pela misericórdia.

A nova identidade

Esse tempo de servir, cuidar e acompanhar transformações na vida de tantas pessoas também refletia o que Deus já havia feito nela. Tal como aqueles que ela viu recomeçarem, Hadassa tinha deixado para trás velhas rotinas, ambientes e vínculos que já não sustentavam sua nova fase. O que havia no presente era fruto dessa obediência: ela mesma se tornara exemplo vivo de que, quando Cristo nos reposiciona, nossas mudanças não apenas nos curam, mas também inspiram outros a se levantarem.

A metamorfose de Hadassa não foi repentina. Foi artesanal. Como quem esculpe com paciência uma peça rara, Deus vinha moldando em silêncio uma nova mulher, uma nova linguagem, uma nova identidade. Não era sobre uma virada dramática, mas sobre consistência, sobre levantar todos os dias decidindo ser uma versão mais inteira de si.

Depois de anos oscilando entre quem esperavam que ela fosse e quem ela imaginava que devia ser, Hadassa agora se via livre para descobrir quem ela, de fato, era. E essa identidade não estava escrita nos rótulos antigos, nem nas críticas recebidas, nem nas comparações familiares. Estava sendo revelada, lentamente, nas rotinas transformadas, nas escolhas mais conscientes, nas amizades mais saudáveis.

Na nova cidade para onde se mudara, mais próxima do trabalho, da igreja e de espaços que valorizavam a saúde emocional e espiritual, ela descobriu também a paz do pertencimento. O bairro era movimentado, mas sua alma estava mais serena. O novo apartamento era simples, mas cheio de significado: cada canto decorado com cuidado, cada detalhe com propósito. Era como se o novo endereço fosse a metáfora da nova vida.

Ela se especializou. Investiu em cursos, certificações, formações. Queria entender a mente humana, mas também os caminhos do Espírito. A psicologia e a fé não competiam em seu coração, dançavam juntas. E nesse processo, Hadassa se redescobriu líder. Mas, agora, não mais por necessidade de aplausos e sim por desejo de servir com dignidade.

Sua nova identidade incluía beleza. Não a beleza padrão das revistas ou das redes sociais, mas a beleza que brota de quem se conhece. O sorriso dela já não pedia licença. A roupa que escolhia carregava mais do que moda: comunicava quem ela era por dentro. O cabelo natural voltou a aparecer. Os olhos ganharam brilho. Ela deixara de esconder sua luz por medo de rejeição.

Em uma das reuniões do grupo de discipulado, uma das mulheres disse:

— Hadassa, quando você fala, a gente sente que Deus está nos chamando para sermos verdadeiras.

Ela sorriu. Não porque quis ser reconhecida, mas porque entendeu: sua cura não pertencia só a ela. Era testemunho. Era semente. Era legado.

Ainda havia dias de silêncio. Dias em que memórias batiam à porta, em que a rejeição do passado tentava se fantasiar de presente. Nessas horas, Hadassa respirava fundo, orava, lia seus registros de oração, cartas escritas para Deus nos momentos de crise, e recordava:

— Eu não sou o que a dor diz que eu sou. Eu sou quem Deus está revelando em mim.

Ela aprendia a silenciar as vozes do passado com a melodia da esperança. E, cada vez que as sombras tentavam voltar, confrontava-as com a luz da identidade que Deus estava forjando: uma identidade de amor, propósito e resiliência.

Um dia, ela escreveu no diário: "Descobrir quem eu sou não é sobre romper com o passado, mas sobre ouvir, sem medo, a voz de Deus me chamando pelo nome verdadeiro".

E era isso que ela agora carregava: um nome curado. Uma história redimida. Uma identidade refeita na oficina do Céu.

Carta ao leitor

Você já sentiu que precisava ajudar alguém mesmo enquanto ainda se curava? Ou já olhou para si mesmo e pensou: "Eu não sei mais quem eu sou"?

Talvez você esteja exatamente nesse ponto: entre ser cuidado e cuidar; entre ainda sentir as dores de ontem e, mesmo assim, carregar nos ombros a missão de levantar outros. Não é fácil. Às vezes, parece que não temos o suficiente nem para nós. Mas deixe-me te contar uma verdade: Deus não espera que você esteja 100% resolvido para ser útil. Ele só espera que você esteja disponível.

Hadassa descobriu isso na prática. E talvez essa também seja sua descoberta hoje: que existe um lugar onde sua história, mesmo ferida, pode curar. Que existe poder no simples ato de ouvir, acolher, caminhar junto.

Você não precisa ser perfeito para ser resposta. Você só precisa ser sincero. Porque, no fim, o que cura não são palavras bonitas, mas presenças verdadeiras.

Ao se reconectar com sua verdadeira essência, aquela que foi criada à imagem e semelhança do Criador, você descobrirá que a maior liberdade está em ser autenticamente quem você é em Cristo. Sua identidade não está nos traumas, está na promessa. Está nas marcas de cura, não nas feridas abertas. Está na leveza de viver em verdade e não na prisão de tentar agradar a todos.

Você é mais do que o que te disseram. Mais do que o que te fizeram. Você é obra em andamento, e o Artista não desistiu de você.

Permita-se ser reescrito. Permita-se ser você.

Com verdade e graça,

Hadassa

Capítulo 18

Quando a raiz cria força

Chegamos juntos até aqui. Já neste capítulo, claramente vemos como Hadassa alcançou maturidade, e isso não foi de repente. Não houve salto mágico nem atalho. Foi um processo longo, intencional, regado por escolhas conscientes e pequenos passos diários que, juntos, construíram uma nova mulher.

Pudemos acompanhar capítulo a capítulo sua caminhada, a dela e a de tantas outras pessoas. Suas dores expostas e suas vitórias silenciosas. Até chegarmos aqui. Foi — e continua sendo — um processo constante.

Hadassa não apenas sobreviveu ao que viveu, mas também aprendeu a florescer onde antes havia apenas aridez. Seu novo emprego não era apenas um lugar para ganhar sustento, mas um campo de influência. No pequeno grupo da igreja, ela não apenas participava, mas guiava outras com segurança e empatia. Na família, a postura de reconciliação começou a restaurar vínculos que pareciam quebrados para sempre.

Assim como aquelas que ela acompanhou e viu mudarem de casa, de cidade, de ministério e de emprego, Hadassa também experimentou essas mudanças. Sua vida tornou-se um reflexo visível do que acontece quando alguém se dispõe a sair da inércia e permitir que Deus conduza cada passo.

Não foi apenas o cenário que mudou; foi a forma como ela se movia internamente.

Gosto de dizer que não existe uma receita de bolo para tudo isso, como se dissesse: "Use isso e faça aquilo que tudo mudará". Infelizmente não funciona assim, caso contrário, seria mais fácil e menos dolorido. No entanto, se a receita não é a mesma para todos, os ingredientes que compõem são: o Espírito Santo, que regenera de dentro para fora, e muita fé!

Antes, as vozes da rejeição e do medo ditavam seu ritmo. Agora, era a voz de Deus que definia suas decisões.

Antes, suas respostas eram impulsivas; agora, eram guiadas pela paciência e pelo discernimento.

Antes, ela corria para se provar; agora, caminhava para servir.

Certa vez, uma colega disse:

— Quando você entra na sala, parece que a pressão cai.

Hadassa sorriu, sabendo que aquilo não era fruto de sua força, mas da paz que o Espírito Santo havia gerado nela. Essa paz custou noites de oração, lágrimas escondidas e escolhas repetidas de confiar, mesmo quando não entendia.

Visitar sua antiga cidade foi um marco. Ela andou por ruas que antes traziam lembranças doloridas, mas agora apenas contavam histórias superadas. Olhou para os prédios e para os rostos e percebeu: o peso havia ido embora.

Era isso, a raiz da sua identidade agora estava profundamente fincada em Cristo.

Hadassa já não media sua vida pelas conquistas visíveis, mas pelas vitórias invisíveis: conseguir dizer "não" sem medo de perder o amor de alguém.

Escolher o silêncio quando antes reagiria com explosão. Acolher sem a necessidade de ser reconhecida. Permanecer firme quando a insegurança tentava voltar.

E, mais importante, ela aprendeu que sua cura não era um fim em si mesmo. Era uma ponte para que outros também atravessassem.

Carta ao leitor

Talvez você olhe para trás e ache que pouco mudou. Mas te convido a observar com mais atenção. As mudanças mais profundas raramente fazem barulho.

O fato de você lidar de forma diferente com situações que antes te feriam já é sinal de raiz fortalecida.

Não subestime o valor da constância.

Não desanime por ainda não ver tudo transformado.

Lembre-se: uma árvore não se torna frondosa de um dia para o outro. Mas, quando a raiz está firme, nenhum vento consegue derrubar.

Continue nutrindo sua raiz em Cristo. É lá que está sua força.

Com amor, e a vida florescendo, próxima à primavera,

Hadassa

Capítulo 19

O chamado que restaura

A cura não é ponto final; é ponto de partida. O amadurecimento que recebemos da Graça de Deus se torna, e deve ser, um comissionamento. Nossa história não deve ser apenas um ato de sobreviver à rejeição, mas de ajudar outros a atravessarem seus próprios vales. A cura nos comissiona.

Assim como aqueles a quem Hadassa acompanhou — que alcançaram mudanças —, ela experimentou transformações profundas. Sua casa ganhou novos significados, sua rotina foi redesenhada, seus relacionamentos foram purificados, sua fé se enraizou ainda mais. Essas transformações pessoais, visíveis e invisíveis, se tornaram testemunho vivo de que é possível recomeçar de forma saudável e intencional.

E esse comissionamento não é ideia humana. É ordem de Jesus. Em Mateus 28:19-20, Ele disse:

"Portanto, ide, fazei discípulos de todas as nações, batizando-os em nome do Pai, e do Filho, e do

Espírito Santo; ensinando-os a guardar todas as coisas que eu vos tenho mandado; e eis que eu estou convosco todos os dias, até a consumação dos séculos."

Discipular é mais do que transmitir conhecimento. É se importar com pessoas. É sentar à mesa, ouvir histórias, dividir pão e tempo. É caminhar junto, ensinar com palavras e com vida. É investir em gente como quem investe em eternidade.

Hadassa entendeu isso. Ela foi e se colocou no lugar de ensinar, de apontar caminhos, seja com seu testemunho de vida, seja com conselhos, orações, abraços e silêncios que curam. Descobriu que o resultado que precisamos alcançar depende das mesas em que escolhemos sentar e das pessoas com quem escolhemos repartir a jornada.

É impossível falar de discipulado sem lembrar de Pedro. Ele negou Jesus três vezes. E, após a ressurreição, voltou para o que conhecia: a pesca. Mas, na praia, Jesus o encontrou. Ali, à beira do fogo, com pão e peixe, fez três perguntas que ecoam até hoje:

— Pedro, tu me amas?

No original, Jesus usa ágape, amor sacrificial. Pedro responde com filéo, amor de amizade. É como se dissesse: "Senhor, ainda não consigo te amar com a entrega que mereces, mas te amo com o que tenho agora".

Jesus, então, não o descarta, mas o comissiona: "Apascenta as minhas ovelhas".

Às vezes, será assim: ainda não plenos, mas entregues, oferecendo o que temos de melhor. Se Pedro foi restaurado e enviado é porque caminhava com o Mestre que sabia, melhor que ninguém, o peso da rejeição.

Todos os discípulos passaram por um processo, a maioria, se não a totalidade dos personagens bíblicos, enfrentaram muitas situações e testemunharam fases densas em sua história, mas Deus sempre esteve disponível. Todos nós estamos a uma distância do sim! Essa é a distância que nos separa de Deus...

Jesus foi um grande exemplo. Foi rejeitado pela sua própria família e desacreditado por seus irmãos (João 7:5). Foi abandonado por amigos próximos, traído por Judas, negado por Pedro. No Getsêmani, sentiu o peso da solidão ao ver Seus discípulos dormindo enquanto Ele estava agoniado, suando sangue pela dor emocional. No caminho para o Calvário, escárnios e cuspes. Na cruz, suportou humilhação pública, calúnia, desmoralização, agressões verbais e físicas. Carregou a vergonha de um julgamento injusto, o peso de uma coroa de espinhos, o ferro dos cravos. E, ainda assim, em meio a tanta dor, algo que ninguém poderia suportar, Ele levantou a voz para dizer:

"Pai, perdoa-lhes, porque não sabem o que fazem" (Lucas 23:34).

Do Getsêmani ao sepulcro, Ele mostrou que a rejeição não define quem somos, mas revela a quem pertencemos. Sua missão não terminou com a dor, mas com a vitória. Ao declarar "Está consumado",

Ele não apenas encerrou Seu sofrimento, mas inaugurou para nós um caminho definitivo de reconciliação com Deus.

Se Cristo, mesmo rejeitado, continuou a amar, então discipular é seguir esse mesmo caminho: amar mesmo quando não somos compreendidos, permanecer mesmo quando não somos aplaudidos, servir mesmo quando dói.

Que possamos ver muitas Hadassas, Camilas, Rutes, Sofias e tantas outras vidas alcançando a cura e assumindo o papel de levar pessoas das trevas para a luz. Se não por nós, que SEJA POR ELE, que nos tirou do lugar mais escuro e sombrio de nossas vidas. A Ele e por Ele são todas as coisas.

Carta ao leitor

Talvez você já tenha sentido que, depois de todo o processo de cura, era hora de dar algo de volta. Mas talvez tenha se perguntado: "Será que eu estou pronto para discipular alguém?".

A verdade é que ninguém começa plenamente pronto. O discipulado não exige perfeição, exige disponibilidade. Jesus não escolheu Pedro por ele ser impecável, mas por ele ser moldável.

Discipular é investir na vida de outro como quem planta sementes eternas. É abrir mão de agendas rígidas para caminhar no ritmo da necessidade do outro. É, muitas vezes, doar seu silêncio, seu ombro, sua escuta. É carregar parte do peso de alguém, não para salvá-lo, mas para apontar ao Único que pode fazê-lo.

Lembre-se: Jesus, mesmo rejeitado, não se afastou das pessoas. Ele partiu o pão com os discípulos, lavou-lhes os pés, restaurou os que erraram. Ele se fez presente.

Se você já recebeu cura, mesmo que parcial, tem algo para oferecer. O mundo está cheio de feridos precisando de um guia que caminhe ao lado, e não à frente.

Permita que sua história seja ponte. Que seu tempo seja mesa. Que seu amor seja farol.

E, acima de tudo, que sua vida seja testemunho de que é possível viver com Cristo, mesmo depois da rejeição.

Porque a cura não nos deixa onde estamos, ela nos encaminha.

E o "Ide" de Jesus ainda ecoa.

Com amor,

da filha que foi salva!

Conclusão

Quando a rejeição se torna redenção

Não há vida sem marcas. E talvez, de todas as dores humanas, a rejeição seja uma das mais silenciosas e persistentes. Ela não grita como a raiva, nem explode como a perda. Ela corrói por dentro, infiltrando-se nas entrelinhas da infância, nos olhares desviados da adolescência, nas promessas quebradas da vida adulta.

Foi assim com Hadassa. Rejeitada em muitos níveis — afetivos, familiares, profissionais, ministeriais —, ela quase acreditou que sua história seria apenas sobre perdas. Mas, capítulo após capítulo, ela descobriu que cada rejeição estava, na verdade, empurrando-a para um destino de redenção.

O que antes era dor, virou direção. O que parecia o fim, tornou-se o início de uma versão mais inteira de si mesma.

Aprendeu que ninguém caminha ileso nesta vida, mas também que ninguém precisa caminhar sozinho. Desde o início de sua jornada, Deus levantou pessoas para estarem ao seu lado: pastores que oraram e aconselharam, líderes que desafiaram seu crescimento, amigos que ofereceram ombro e escuta, irmãos na fé que compartilharam suas próprias lutas e vitórias.

Ela percebeu que a caminhada de cura e amadurecimento se sustenta em relacionamentos saudáveis. Que estar inserido em uma igreja que acolhe e ensina é vital para manter o coração firme e os pés no caminho certo. Que ler bons livros, estudar a Palavra, ouvir pregações sólidas e buscar mentoria não são luxos, mas combustíveis para a alma.

Ninguém vence sozinho. Deus sempre levanta "ajudadores" para nos lembrar de que o Reino é feito de corpo e cada membro importa.

Essa jornada não foi sobre vencer para impressionar. Foi sobre se curar para viver. Foi sobre voltar a ser filha. Sobre reaprender a amar sem se anular. Sobre servir sem se perder. Sobre existir sem implorar por pertencimento.

A rejeição não desapareceu magicamente. Mas perdeu o poder de nomeá-la. E essa talvez seja a maior vitória: quando a dor que te moldou já não te define; quando a ferida que te formou já não sangra; quando a história que te pesava vira testemunho que liberta outros.

Hadassa se tornou ponte, refúgio, voz. Não porque buscou posição, mas porque permitiu que Deus reconstruísse as áreas mais frágeis de sua vida. Ela não apenas sobreviveu. Ela floresceu.

E é nesse ponto de virada, na escolha de se levantar, buscar ajuda e permitir que o processo divino aconteça, que a verdadeira transformação começa. Não é um passe de mágica, mas uma decisão diária: entregar as feridas, buscar a cura, confiar que existe um propósito até nas cicatrizes.

Hadassa escolheu não ser vítima da sua história, mas cooperar com Deus para que sua dor fosse redimida. E, agora, deixa com você esta mensagem:

Você também pode. Não importa onde a dor te encontrou. Não importa quem te rejeitou. O que importa é Quem te escolheu — e Ele jamais erra.

Você não precisa correr atrás de aprovação.

Você já foi aceito.

Você não precisa se esconder.

Você tem um lugar.

Você não precisa provar nada.

Você é amado.

Essa é a verdade que permanece mesmo quando tudo falha. Essa é a rocha que sustenta mesmo quando tudo desmorona. Esse é o amor que cura até a rejeição mais profunda.

Que, ao fechar este livro, você não feche o seu processo. Continue caminhando, continue cercado de pessoas que te levem para mais perto de Deus, continue aprendendo e ensinando.

Lembre-se: sua história não termina onde a dor começou. Ela floresce a cada passo de cura, de discipulado e de comunhão.

Com gratidão e verdade,

Hadassa

Epílogo

Carta a quem chegou até aqui

Querido leitor,

Se você está lendo estas linhas, é porque caminhou comigo até o fim desta jornada. E eu quero que você saiba: eu estou muito orgulhosa de você.

Não sei como foi o seu percurso até aqui. Talvez tenha sido lento, talvez tenha sido doloroso, talvez você tenha sentido vontade de desistir em alguns momentos. Mas o fato é: você chegou. E isso já faz de você um vencedor.

Talvez ainda existam feridas abertas. Talvez ainda haja memórias que pesem. Mas se há uma verdade que aprendi com Hadassa — e com tantas outras histórias — é que o processo de cura e amadurecimento não é uma linha reta. É a vida sendo percorrida, dia após dia, sem o desejo de estacionar e sem ceder ao impulso de voltar atrás.

Minha oração é que, daqui para a frente, você entregue sua vida nas mãos de Cristo, sem reservas. Que permita o Espírito Santo moldar suas intenções, alinhar seu coração e reescrever seus capítulos com graça e verdade. Ele é o único capaz de transformar rejeição em pertencimento, dor em testemunho e solidão em intimidade com o próprio Deus.

Se em algum momento precisar, volte aos capítulos anteriores. Releia. Ore novamente. Permita-se ser lembrado de tudo o que Deus já falou com você por meio destas páginas. Porque a cura é um caminho e não um evento.

Agora, quero que você faça algo: escreva a sua carta. Uma carta para si mesmo, para Deus ou até para a sua própria Hadassa interna. Fale de onde veio, o que venceu e aonde deseja chegar. Essas próximas páginas são suas — quatro delas — para que você escreva com liberdade e verdade. Use palavras simples, mas honestas. Não se preocupe com a forma, apenas com a sinceridade. Você pode registrar orações, agradecimentos, promessas ou até compromissos que quer firmar com o Senhor. Talvez essa carta seja apenas para seus olhos. Talvez, um dia, ela seja lida por alguém que precise de esperança.

Mas, independentemente de quem a leia, que ela seja um marco. Um memorial. Um altar de rendição.

O que eu mais desejo é que, daqui para a frente, você viva. Que a rejeição perca o trono e que o amor verdadeiro, o que vem do alto, seja a nova base da sua história.

Escreva a sua carta

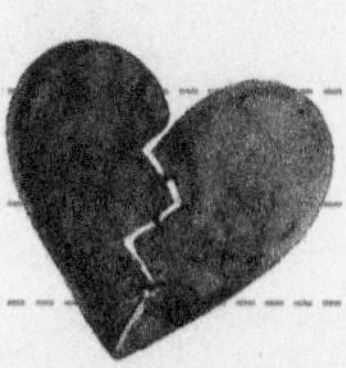

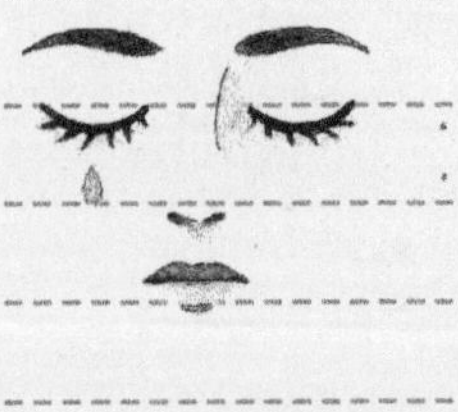

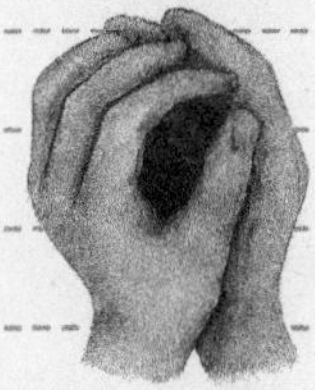

Agradecimentos

Finalizo agradecendo a Deus, meu refúgio e meu motivo de escrever. Sem o Seu amor, nada disso existiria. Obrigada, Senhor, por ser meu chão firme e meu abrigo seguro, por me levantar quando eu caía e por me ensinar que até a dor pode ser caminho para a vida.

Às mulheres que carregam a marca da rejeição — visível ou invisível —, este livro é por vocês. Que cada página tenha sido um abraço, um empurrão de coragem e um lembrete de que vocês não estão sozinhas.

Àqueles que me sustentaram com orações, palavras, silêncio e presença: obrigada. Vocês foram parte do milagre.

Ao meu editor, Vinicius Oliveira, um agradecimento especial pela parceria inestimável. Sua sensibilidade e maestria transformaram as minhas palavras em um livro. Sua presença neste processo foi um presente que levarei para sempre.

Aos meus amigos mais próximos, aqueles que me deram a mão e me lembraram do meu propósito nos dias mais difíceis: este livro é nosso. Sua confiança e apoio direto foram o motor que me impulsionou a seguir em frente. Sem vocês, este sonho não teria saído do papel.

Aos que me feriram, agradeço também. Vocês me empurraram para mais perto de Deus, e Ele soube transformar feridas em fontes.

E, por fim, à Hadassa que existe em mim e em tantas outras. Que nunca nos falte coragem para continuar.

Com gratidão,

Alexandra

Para Seu Plínio e Dona Ester,
o primeiro amor que conheci.

Colada à tua boca a minha desordem
O meu vasto querer
O incompossível se fazendo ordem
Hilda Hilst, "Do Desejo"

Esperava de você apenas coisas assim,
avenca, samambaia, roseira, mas nunca,
em nenhum momento, essa coisa enorme
que me obrigou a abrir todas as janelas,
e depois portas, e pouco a pouco derrubar
todas as paredes e arrancar o telhado
para que você crescesse livremente

Caio Fernando Abreu, "Para uma avenca partindo"

I declare a moratorium on things relationship
I declare a respite from the toils of liaison
I do need a breather from the flavors of entanglement
I declare a full time out from all things commitment
Alanis Morissette, "Moratorium"

SINOPSE

não dá pra acreditar que você entrou na minha vida assim, por acaso, tão sonhado acaso que havia sonhado por noites e noites e às vezes dias, não dá pra acreditar. e que assim, por acaso, nos encontramos naquela praia sem no entanto ver a praia mas vendo eu você e você eu, ambos se vendo sem no entanto ver mais nada, os coqueiros, as pontes, as areias, os banhistas. não dá pra acreditar. que tua voz me desperta um riso contido, vontade de gargalhar reprimida só por não podermos nos dar à insanidade de gargalhar assim, sem razões, como se cordas vocais tuas fossem-me exalando gás hilariante fumaça de ganja piadas de humor negro, sei lá, quaisquer dessas coisas inevitavelmente cômicas; e que é bom te ouvir mesmo que por mais que me esforce é só nesta contida gargalhada encarcerada no estômago que consigo me concentrar, daquelas que a gente retém quando algo muito grande nos acomete e não dá pra acreditar, entende?, algo como último capítulo de novela mexicana da grife maria de alguma coisa. você me acometeu. não dá pra acreditar que muito embora contido, pragmático, sensato, fico como criança falando com criança, extremamente sincero, indevidamente à vontade, superlativamente humano; e que além daquelas poucas palavras sem poesia que trocamos na praia e de algumas outras, estas mais líricas, dentro do meu carro, tenho apenas um beijo teu na face. na face, veja bem. e que todo o erotismo vem terminantemente disso: um beijo na face. que você me deu porque pedi um motivo pra escrever um texto pra você. e vou escrever, quer saber?, não dá pra acreditar, mas vou escrever um texto bem lindo que diga que você me veio como um sopro gelado em meio a um caminhar de dias pelo deserto; e que diga que apesar de pouquíssimo tocado pelas tuas mãos, apenas alguns toques despretensiosos, coisa de quem gesticula enquanto conversa, sinto-me como se houvesse sido completamente apalpado, todas as reentrâncias e vales proibidos, tocado minuciosamente e sem pressa, espécie de toque tântrico; e que diga – tem mais, será um texto dos grandes – que diga que não há muito tempo, eu sei, você sempre deixou claro que vai embora, mas que a gente não precisa se preocupar com o dia de se despedir, talvez rolem lágrimas mas talvez não, podemos ter uma despedida risonha como são risonhos nossos minutos cronometrados mas tão profundamente vivos. e neste texto grande que escreverei vou dizer que escreverei um texto maior ainda, daqueles extensos, que conte que aquele beijo em minha face pode se transformar num sei-lá-o-quê mais aquoso, e que você me perdoe qualquer exagero que tenha escrito e que não confunda com empolgação contumaz de um viciado em se apaixonar cegamente todos os dias por pessoas diferentes, não confunda, eu realmente apreendo os sinais que me mostram a projeção exata de quando estou em face de algo maior; e que você não será minha cura, mas pode fazer o possível para não ser mais uma doença, pois ando extremamente cansado de ser contaminado pelo vírus da humanidade. e neste texto extenso que escreverei dentro do texto grande que te escreverei vou dizer que se você continuar me dando motivos farei um texto imenso, e neste texto imenso direi que outros textos virão e se cumularão e se transformarão em antologia ou algo assim, uma antologia toda pra você, não dá pra acreditar que estou prometendo isso, mas é minha vontade, quero uma antologia minha pra você se eu continuar a ter bons motivos para escrever textos grandes extensos imensos; e direi também no texto imenso dentro do texto extenso dentro do texto grande que te escreverei que esta antologia pode muito bem começar com um texto curto simples bobo que diga apenas que não dá pra acreditar que você entrou na minha vida assim, por acaso, tão sonhado acaso que havia sonhado por noites e noites e às vezes dias, não dá pra acreditar.

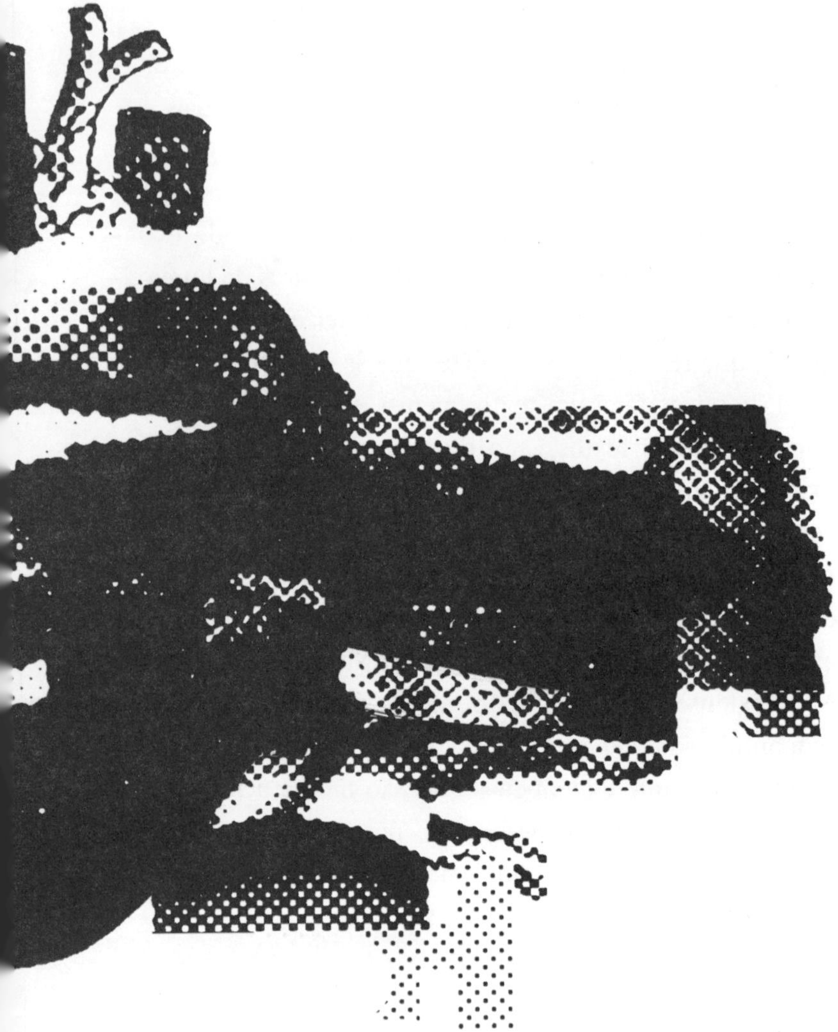

"One day I know
We'll find a place of hope
Just hold on to me"

PJ Harvey, "A place called home"

ESSAS TUAS PARTES MINHAS

Amigoamiga, foi com você que aprendi a subir em árvore, andar de bicicleta, brigar na rua, jogar biloca, deslizar no carrinho de rolimã. A gente ficava no telhado da casa espionando a vida dos vizinhos e conversava sobre Transformers, Comandos em Ação, Homem-Aranha. Você dizia com tanta certeza que queria ser astronauta e eu com vergonha de não ter certeza dizia "quero ser professor". Foi com você que desenvolvi o conceito de individualidade, e descobri que o mundo era grande, e desci correndo uma ladeira enorme, fugindo dos buracos, de mãos dadas, cantando Balão Mágico. Porque eu tinha medo de descer sozinho. E você só ia comigo se eu cantasse "Se enamora". Quando meu nariz sangrou pela primeira vez, num domingo de manhã na igreja, quem chamou minha mãe foi você.

Quem mais trocaria de lugar comigo porque eu não enxergava bem? Tenho certeza que nem se lembra disso, mas ficou tão marcado, você com seus cabelos-cachoeira e voz esgani- çada, gritando pra quem quisesse ouvir que me amava. Foi com você, amigoamiga, que discuti religião pela primeira vez, depois que a professora me expulsou da sala porque sugeri que Nossa Senhora era uma vadia. A gente fez a brincadeira do copo e tivemos certeza que conseguimos contato com um espírito chamado Dverho; a gente jogou tô-no-poço e acabou estourando um cano de água bem na hora do meu primeiro beijo; a gente deu lagartas-de-fogo pra copeira dizendo "Alaíde, faça seu jantar com isso". A gente odiava tanto aquela copeira.

Amigoamiga, como você me conhece! Pois era você que estava ao meu lado quando levei o primeiro soco, a raiva consumindo seus olhos diante da violência e você partindo pra cima, rasgando o ar, superhomemmulhermaravilha. Aquelas minhas primeiras lágrimas de perda foram pra você, mudando de cidade sem me dizer se nos veríamos de novo, eu parado na rua com o olhar fixo no caminhão da mudança (teu olhar de medo paralisado na janela da boleia). Quando eu não tinha com quem falar e o medo de viver me tomou as veias, foi você que me contou o filme da Sessão da Tarde fingindo que não sabia que eu estava mal. Era "O Cadillac Azul" e contava a história de três irmãos que não se viam há anos. Depois disso, a gente viu "Em nome do pai" no cinema e só você percebeu que eu chorei. Guardou segredo. Por isso te amo.

Você segurou minha mão quando o desejo saiu do controle e precisei de alguém que fosse freio. Lembro de você dizendo "calma, tudo tem a sua hora". Seus pais me chamaram de filho, suas irmãs me ofereceram bolo, você resumiu o que sou dizendo "você é mesmo incorrigível". A gente fez um jornal no colégio e fingiu tuberculose no elevador e saímos juntos pela noite perguntando às garotas das esquinas quanto cobrariam por um programa a três. Com você, fumei pela primeira vez o ar da vida, compartilhei dúvidas e desesperos, chorei porque minha mãe me feriu o rosto, comemorei a morte da saudade quando te reencontrei na rodoviária.

Amigoamiga, a gente sugou oxigênios de outras cidades, a gente descobriu a vida de tantas maneiras, a gente foi se transformando no que somos sem nem saber o que somos. A primeira pessoa que soube que eu acordei pra vida foi você. Por carta. Depois, ao vivo, a gente falou a noite inteira, até ver o sol nascendo, fomos dormir exaustos e sem ar e felizes. Era você que jogava basquete, andava de skate, falava palavrão e me dava tapas na nuca. E foi pra você que eu disse no meu primeiro porre "quero ser igual a você quando crescer".

Você falou comigo no ônibus pensando que eu era maluco, me ofereceu uma Halls pra disfarçar meu hálito de mato, me contou *Ulisses* durante quatro horas de viagem. E sem saber, transformou tudo isso no ano zero da minha linha do tempo. Antes de você, depois de você.

Ah, quanta falta sempre te sinto! Pois era com você que eu falava inglês toda vez que ficava bêbado, era com você que eu transformava a amargura em letras de música, era só a gente que conseguia mergulhar num fim de semana de cervejas para se preparar pra semana de ressacas. Era você que dizia "isso não vai nos levar a lugar nenhum". Era você que dizia "foda-se, galado". Era você que dizia "e o livro, quando é que sai o livro?". Foi pra você que eu disse frases que nunca me esqueço – "se tocar 'À Flor da Pele' te beijo na boca", "você já sabe o que fazer, só falta colhão", "me afeiçoei tanto a você", "caralho, bicho, caralho", "vamos dançar, vamos dançar". Foi você que chegou criança e se mostrou tão grande, pensando que eu ia te ajudar quando sempre foi ao contrário, você dizendo que minha mãe é igual a sua e eu dizendo que elas falam a mesma coisa de nós dois.

Como é belo teu cabelo, amigoamiga, esse frondoso ruivoloironegro, depende tanto do dia da semana essa tua cor. E é delicioso marinar no vinho até ver o sol nascer, ou dividir uma sopa no meio da semana, ou conversar pelo Skype na hora do almoço, ou tomar uma cervejinha de leve na sexta que só termina sábado pela manhã. Foi pra você que perguntei o que tinha de errado pra não querer sair ontem, foi pra você que contei que já havia reservado sua vaga no espanhol, foi por você que voltei pra ficar mais meia hora na festa mesmo tendo reunião tão cedo no dia seguinte.

Amigoamiga, acho que vou te conhecer amanhã.

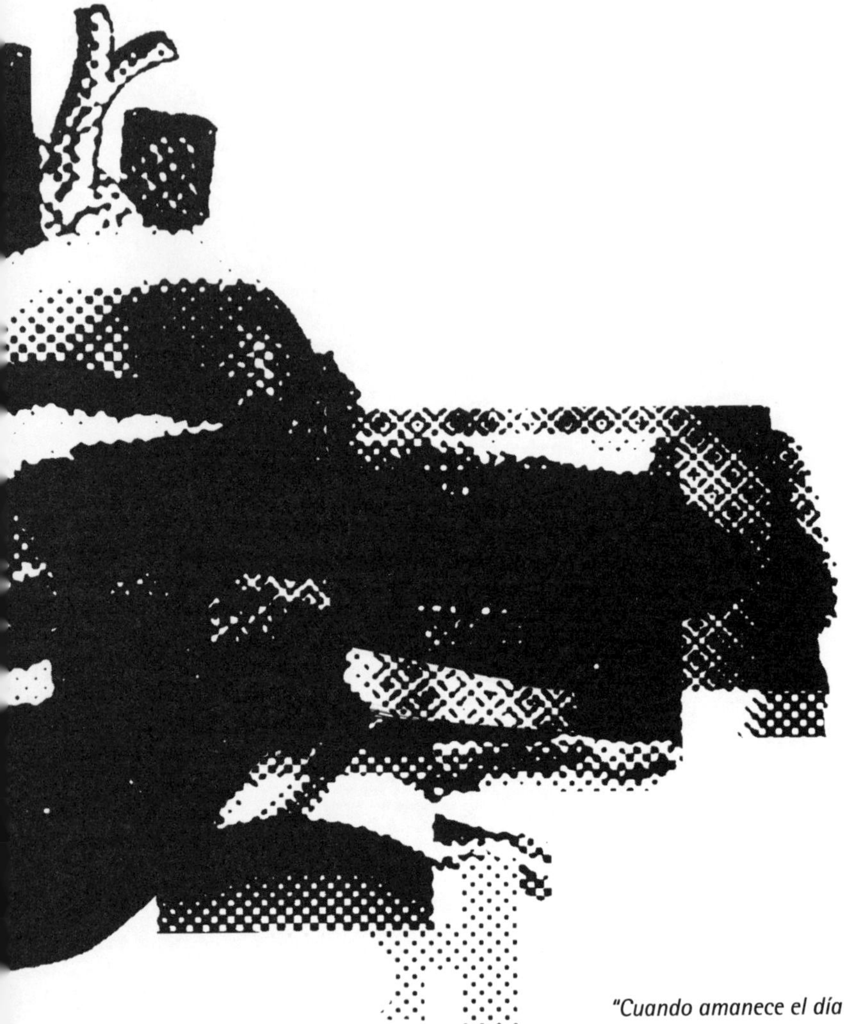

"Cuando amanece el día
y el cielo pinta tus ojos negros
vaya suerte la mía
que pueda verte en ese momento –
se me nublan los ojos
se me envenenan los pensamientos"

Estopa, "Cuando amanece"

EMÍLIA & MIGUEL

Ela está preocupada porque Emília vai beijar Miguel. Rói as unhas, sacode os pés sobre o centro da sala, consulta o relógio pra saber se falta muito tempo. O capítulo de hoje está imperdível e ela até esquece da pilha de roupas pra passar, da conta de água atrasada, do telefone sem crédito. Hoje Emília vai beijar Miguel.

Esta semana, viu um anel lindo na revista da Avon. Um anel lindo do jeito que ele disse que um dia daria pra ela. E agora toda vez que lembra dele, ouve aquele forró. Toda vez que ouve aquele forró, lembra dele. Como um círculo vicioso, está presa entre essas duas lembranças, ele e o forró, sendo que nenhum dos dois têm uma ligação direta. Quando estava com ele, não tocou a música. Quando ouviu a música, não estava com ele. Mas ambos estão associados em sua memória, enquanto suspira pensando se o anel que um dia ganhará será tão bonito quanto o que viu na Avon. Custava 25 reais.

Ela cantarola enquanto rói as unhas. Cantarola baixinho, fora de ritmo, desentoada, exatamente como faz toda vez que vai lavar a louça e o CD pirata que comprou há três semanas ecoa pela casa. Acaricia os pratos, os copos, os cabos das facas. Cantando e lembrando dele. Não sabe ao certo onde fica a Europa, mas sabe que é bem longe. Pensa ser um país. Onde todos são loiros, falam com a língua presa e ganham muito dinheiro. Foi de lá que ele veio, direto praquela praia, ela tão queimada, só com o dinheiro da passagem de volta, mas sorrindo pra ele sem entender direito o que ouvia. Antes de ir embora, ele deu um chaveiro em forma de touro. Disse que era símbolo da Espanha e ela entendeu que era a mesma coisa que Europa. Voltou no ônibus lotado segurando forte o presente sem parar de falar nele. A amiga disse que ninguém ia acreditar que aquele chaveiro era espanhol. Mas outra amiga que foi embora com o namorado europeu telefonou um dia e confirmou: lá é cheio de chaveiros em forma de touro.

A novela começa e ela se acalma. Emília ainda não chegou à casa de Miguel, então ela se entrega aos devaneios de um país chamado Europa, com homens loiros e sorridentes, com chaveiros taurinos, com moedas coloridas bem mais bonitas que o real. Pois ele também deu umas moedas na segunda vez que se viram. Disse que era lembrança, que ela podia guardar pra um dia tomarem um café em Madri. Ela quase perguntou se ele morava na Europa ou na Espanha. Agora, estala os dedos lembrando a primeira noite, de como foi rainha, de tudo que aprendeu. Até riu depois lembrando que dizia às amigas que queria casar intocada. Não, não, não esperava mais por isso. Pois o príncipe encantado estava lá, diante dela, vermelho de sol e dourado nos pelos.

Naquela tarde, ligou pra uma amiga perguntando se o cobrador aceitaria aquelas moedas. Estava sem dinheiro pra ir trabalhar. A amiga achava que não, mas ela já tinha aprendido, a amiga era invejosa, não conseguia nada mais além de Jair. Coitada. Tão preto, o Jair. Tão pobre, o Jair. O dela se chamava Javier e disse que voltaria para pegá-la. Voltaria para casar, levá-la pra longe, praquele lugar (país?, cidade?, estado?) onde tudo funciona, onde todos são felizes, onde todos têm dinheiro pra passar férias no Brasil.

Emília finalmente está frente a frente com Miguel. Diz que era tudo mentira, que ela não casaria com Augusto Sérgio, tudo não passava de uma armação para separá-los. Miguel quase não acredita, chora, se abraça com ela. Finalmente, ohos nos olhos, violinos ao fundo, respiração ofegante, os dois se beijam. Ela suspira no sofá. E nem se pergunta se ainda vale a pena esperar mesmo depois de quase cinco anos.

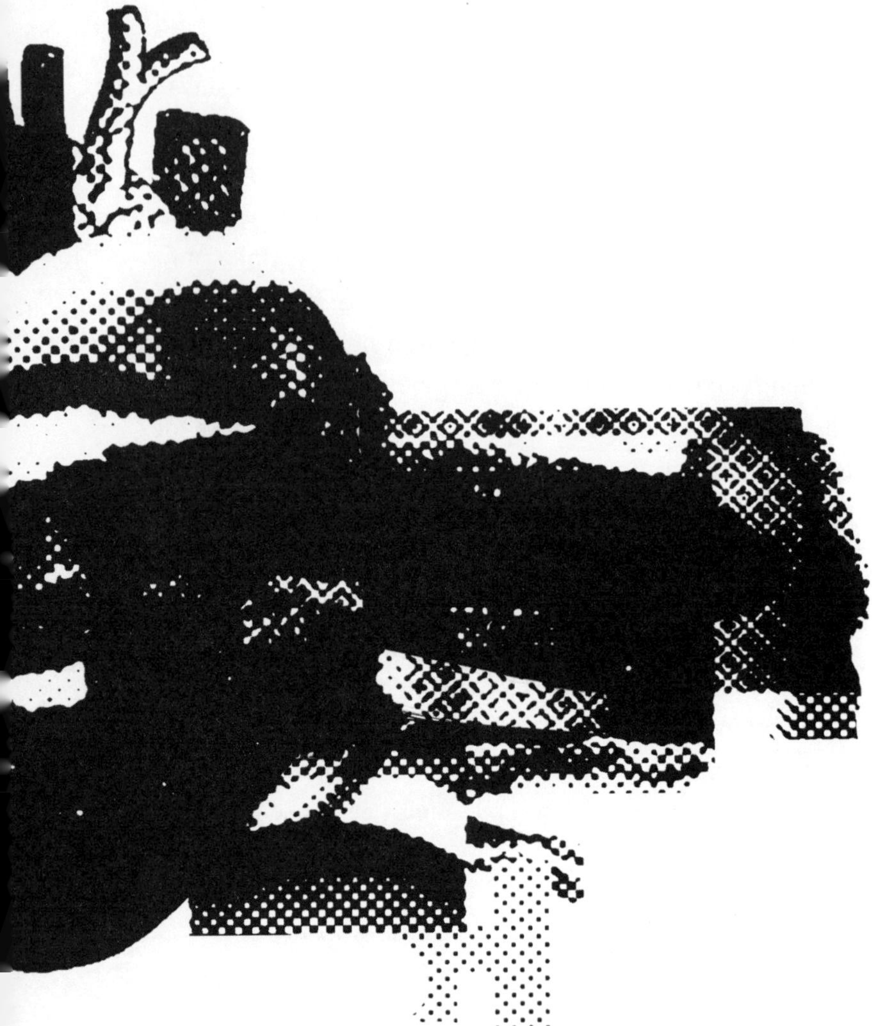

ASTERISCOS

Oi, B*****, tudo bem? Não sei se deveria enviar este e-mail. Provavelmente não. Mas depois que nos falamos ao telefone ontem fiquei com uma sensação estranha. Conversei com uma amiga e até tentei descrever como me senti. É como se eu passasse a vida toda jogando na loteria sem ganhar e de repente, do nada, encontrasse um bilhete no chão, na rua, num dia qualquer; e então este bilhete podendo ser premiado ou não; e então eu com ele nas mãos; e então eu sem forças ou vontade ou coragem de conferir se é mesmo premiado, porque já apostei tanto e perdi tanto que agora não faz mais diferença. Bem, é mais ou menos assim: como se você fosse um bilhete que agora me dá preguiça de conferir o resultado. Justamente porque apostei em você várias vezes, inúmeras, incontáveis. E você sempre deu em nada, nem uma quadra, nem uma quina, nada, sempre uma aposta perdida que volta em seguida jurando mais sorte – como ontem, naquele telefonema, você querendo que eu mais uma vez caísse na ilusão de que agora vai ser do jeito que quero. Não, minhas fichas não vão mais pra você.

Sei que definitivamente você não tem mais nada a ver com o que sinto, mas me bateu o desejo de compartilhar isso com você – talvez porque ache que não fui suficientemente claro, talvez porque queira ser ainda mais claro do que já fui, mas nunca porque quero me vingar. Não, acredite em mim, fui totalmente transparente quando disse que não sentia raiva. Gosto tanto de você e de uma maneira tão deliberada que não consigo sentir raiva. É só cansaço, apenas isso. Como se tentar ficar com você numa boa fosse uma longa maratona que eu simplesmente desisti de correr. Desisti. Este é o termo. Desisti de ligar me declarando pra ver você fingindo que achou maravilhoso; desisti de esperar tuas ligações jamais vindas embora bem-vindas se viessem; desisti do tanto querer que eu tinha guardado pra você. Porque eu, B*****, sorveria tuas lágrimas com meus lábios caso aquelas tristezas que vêm de repente te pegassem de jeito; eu tentaria desesperadamente dissipar tuas dúvidas inventando respostas plausíveis caso não tivesse as reais; eu ficaria do teu lado mesmo que você não tivesse razão, incondicionalmente, puro instinto de sobrevivência defendendo você como se minha própria vida; eu desejaria trocar meu braço pelo teu se um dia, por ventura, você o quebrasse; eu faria tua mãe gostar de mim e me chamar de filho. Mas todo o futuro do pretérito que eu tinha guardado pra você não foi suficiente. Eu sei que não foi, B*****, muito embora você esteja pensando agora que estou exagerando – muito embora você tenha me ligado ontem, com o número oculto, e posto uma música belíssima e depois perguntado se eu queria assistir um DVD contigo –

muito embora você negue que me vê tão-somente como um brinquedo de luxo, que apenas pessoas especiais como você têm a bênção de manipular.

Uma vez te disse, logo quando nos beijamos pela primeira vez, que eu sabia que você era especial porque raramente estremeço ao beijar alguém. E estou sendo absolutamente sincero e racional agora: você é especial. Mas é de uma especialidade difícil de compreender. Você nunca precisou realmente de mim, exceto naquele dia em que teu dinheiro acabou e eu pude te pagar um café; você nunca disse que estava com saudades sem que isso soasse como um exagero forçado para me agradar; você nunca conseguiu imergir em mim sem segurar a corda que te devolveria à tona. Lembro nitidamente do dia em que você me pousou teu olhar grave e sem impostações, sem tons especiais, numa crueza que tornou aquilo eternamente verdadeiro, você disse: eu quase te amo. Naquele momento – e sim, descem-me lágrimas agora – naquele momento, pensei que iria estourar de tanta felicidade (pude antecipar um segundo e ver meus pedaços espalhados pela tua casa toda, as pernas na cama, as sobrancelhas na sala, o umbigo no banheiro, a cabeça na cozinha na varanda pelo teto pelo chão). E, por Deus, só não explodi porque você me abraçou bem forte no instante correto, uma força inverídica de sentir, e repetiu bem baixinho: viu, eu quase te amo. Teu quase tornou aquilo tão bonito justamente porque sincero. Mas é uma prova de como você só me habitou na superfície. É, você quase me amou. Você se permite quases.

Agora, depois que falamos ao telefone ontem, depois de sentar aqui pra te escrever este e-mail, depois que Portishead (sim, aquela banda que te emprestei o CD) sem querer está tocando "Only you", depois que enxergo a tela borrada porque minhas lentes já nadam num algo que nem mais represo, posso enfim afirmar sem nenhum rancor: dói demais quando os desejos não batem, quando o que quero é só você, B*****, só você, sendo mais que tesão, mais que comodidade, mais que válvula de escape para as tensões diárias: quero você com teus problemas, tuas angústias, tuas músicas, tuas risadas, teus amigos, até aquele que antipatizo, sim, até aquele, quero sim, e dói demais ver tão nitidamente, tão dia de sol, tão ofuscante, dói demais ver que você não me quer assim totalmente como te quero, que pra você basta me ver num domingo à tarde e depois não mais – adeus por duas semanas –, que pra você tanto faz se sorri ou chorei quando assisti "Brilho Eterno de uma Mente Sem Lembrança", que sou aos teus olhos como tantos outros são: apenas mais um.

Eu sei que passa, que convivo bravamente com esse caroço até que ele se extinga, que vou comparar todos os beijos ao teu somente até encontrar um beijo melhor, que quero você agora mas vou deixar de querer em breve se me concentrar nesta tarefa, que teu nome logo mais não me ferirá como se fosse escrito com esporas pontiagudas que me saem rasgando as vias sempre que pronunciado. Fica com Deus, B*****. Cuida bem da tua vida. Faz dela algo melhor do que você fez com a minha. E feliz Dia dos Namorados.

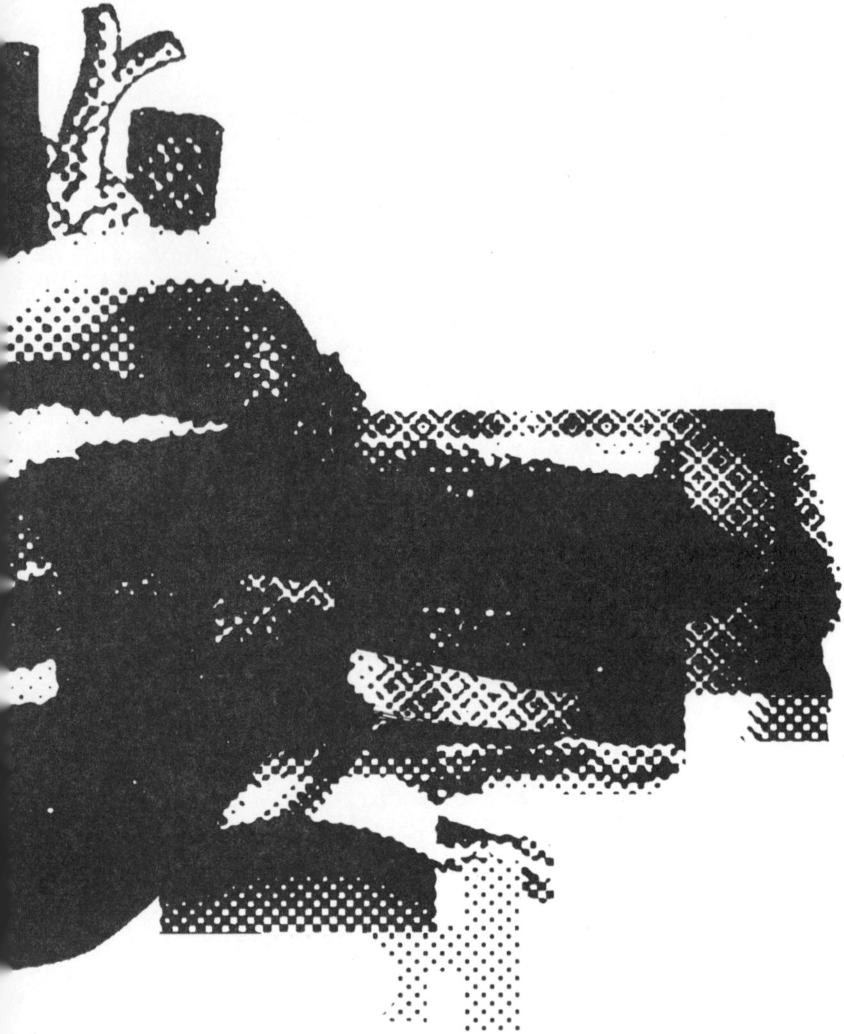

O DE SEMPRE

Olharam-se naquele almoço de negócios. Mas ele com a esposa aguardando em casa. Mas ela com o marido chegando de viagem. Continuaram se olhando sem saber exatamente o porquê, mas ao mesmo tempo sabendo tudo – bem-vindo arrebatamento do que ainda não adivinhavam. Sabiam realmente, com a exatidão do modo empírico, apenas daquelas coisas que só quem viveu pode reconhecer. O ronco sem glamour, a porta aberta do banheiro, a toalha molhada sobre a cama, o feijão com muito sal, o mesmo. O de sempre, o de sempre, o de sempre. De todos os dias. O mesmo. Continuaram se olhando. Veio a entrada, as discussões sobre os índices financeiros, mais gerentes sentando. E o olhar. Que dizia coisas como "preciso do teu oxigênio", que berrava coisas como "me tire dessa vida". Só quando veio o prato principal, trocaram as primeiras palavras. Pode me passar o sal? Sim, pois não. E mais nada. Apenas os olhares se chocando de vez em quando, o chefe de um rindo da piada sem graça do chefe do outro. O de sempre, o de sempre, o de sempre. E os olhos-oásis salvando da sequidão com a rutilância. Sentiram vontade de iniciar uma conversa paralela, quem sabe comentar a elegância do local, ver se dali a conversa evoluiria. Mas o celular dela tocou exatamente na hora do dele. Era o marido. Era a esposa. Para ele: estou um pouco ocupada agora, posso te ligar mais tarde, amor? Para ela: certo, certo, depois nos falamos, querida. Desligaram. E se olharam. E nesse momento foi a confirmação. Notavam-se, estudavam-se, precisavam-se. Ela pediu licença, pegou a bolsa, caminhou lentamente até o banheiro. Sentia-se viva. E era tão forte a sensação que cambaleou pelas paredes do toalete, apoiou-se na pia, as mãos suadas, as pernas trêmulas, o corpo em carne viva. Desejando que ele abrisse a porta do banheiro e tomasse-lhe o maior de todos os beijos. Um beijo com sabor de vida. Retocou o batom, ajeitou os cabelos, uma mulher pronta para a guerra. E quando retornou à mesa com a certeza da vida invadindo as artérias, desobstruindo caminhos, pulsando em desejo, ele não estava mais. Sentou-se calada. E triste. E quase chorou, é verdade, quase chorou. Porque a vida passa por nós tão rápido que... Veio a conta, o café, as últimas considerações. E ninguém falava mais nada sobre ele, onde estaria, porque se foi. Levantaram, recolheram os pertences, frios dois beijinhos, gelados apertos de mão. O de sempre, o de sempre, o de sempre. Quando já se retiravam, o garçom trouxe um bilhete. "Você fica linda apoiada na pia".

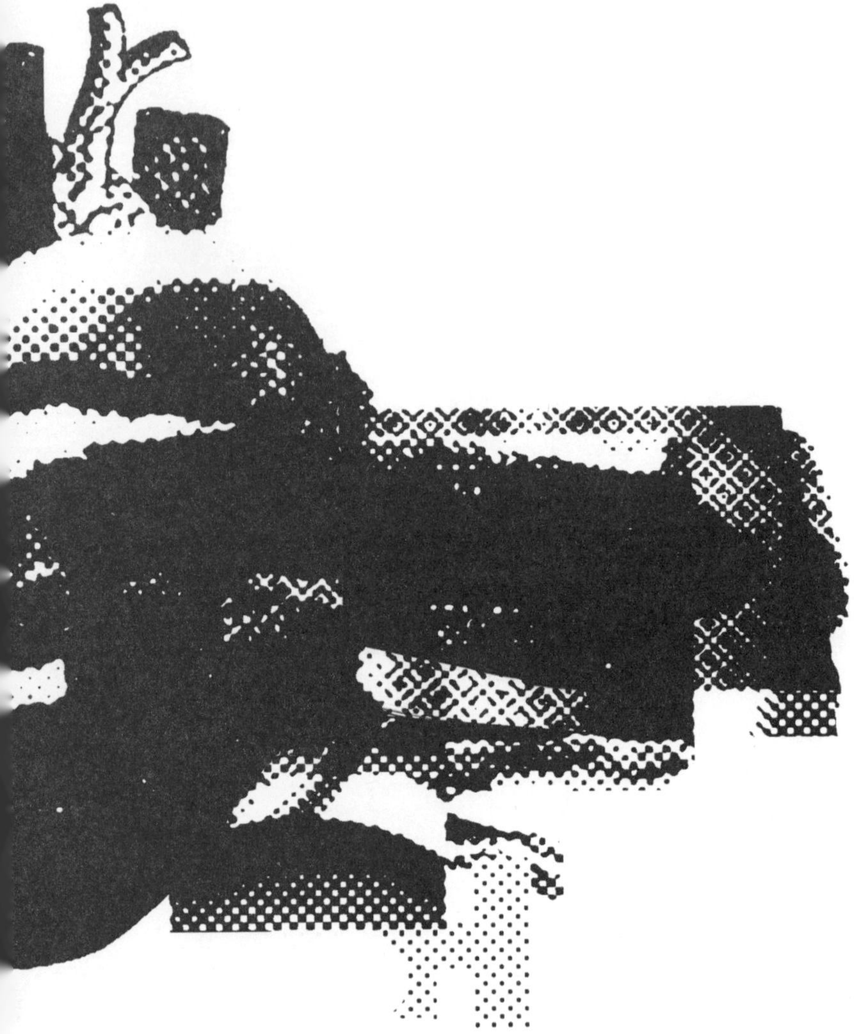

"Eis que conceberás
e darás à luz um filho,
e lhe porás o nome de Jesus."

Lucas, 1:31

IMACULADO

Ele suava como nunca. Os olhos vidrados no monitor, o ventre exposto sobre a maca, aquele ruído de escafandro. Sim, o médico buscava como um escafandrista algo naufragado dentro dele. Na barriga, gel. Na tela, tripas. Via suas entranhas em preto e branco como um filme antigo de terror. Nervoso, não conseguia pensar em outra coisa se não na morte. As dores abdominais tinham se tornado constantes logo após a Semana Santa, se bem que se lembrava nitidamente de já sentir-se um pouco diferente na Quarta de Cinzas. Iniciou a Quaresma, sei lá, se sentindo estranho. Inchado. Temperamental. Confuso. Chegou a chorar na missa mais de uma vez. Os fiéis sentiam o peso da emoção, acompanhavam as evoluções do choro do padre. Ele não entendia. Saía da igreja aos prantos e no quarto, retirando o hábito ainda em soluços, rezava para que Deus o fizesse compreender. Só mesmo dois meses depois, ainda extremamente temperamental, decidiu ir ao médico. Sentia-se gordo, pesado, lerdo. Mais de uma vez, dormiu enquanto fiéis se confessavam. Alguma coisa muito estranha acontecia no seu corpo e ele, rezando, orando, implorando, pedia para não ser a morte. Pois o médico solucionou todos os enigmas tão logo afastou o leitor de ultrassom de seu ventre: ele estava grávido. Não era morte no seu corpo. Era vida.

Ignorou os olhos saltados e o tom de incredulidade do médico quando ouviu "O senhor está grávido". Reagiu simplesmente com um impulso: sorriu um riso embasbacado, colocou a mão na boca, deixou uma lágrima descer. Era um milagre. O médico estava assustado. Afastou-se um pouco em busca do telefone no bolso, andava de costas, não tirava os olhos da barriga do padre. Sim, estava inchada. Sim, ouvia-se um coração ali dentro. Sim, estava grávido. O médico não conseguia se concentrar nas teclas do celular, discando enquanto os olhos iam dos números ao ventre, do ventre aos números. Quando o padre pediu segredo, já era tarde. O médico tinha acabado de enviar uma mensagem à junta clínica do hospital.

Não demorou muito para que a sala de ultrassonografia estivesse lotada de doutores. As mulheres resistiam à novidade, ficavam olhando de longe, algumas até mantinham uma atitude agressiva. Grávido como?, uma chegou a perguntar. Os homens não. Olhavam a tela do ultrassom com sorrisos de vitória, davam-se tapinhas nos ombros, um até sugeriu comprar charutos. O padre respondeu à pergunta da médica acariciando a própria barriga: foi um milagre, doutora, foi um milagre.

Pois o fato chegou ao conhecimento da Igreja tão logo

deram alta ao padre. Cinco dias afastado dos ofícios sagrados, sem colocar os pés na paróquia, e chega ao bispo um atestado médico: o padre estava afastado devido a exames pré-natais. Primeiro, ele sorriu da piada. Em seguida, forçou-se a embrutecer. Quem tinha a ousadia de fazê-lo perder tempo com esse tipo de chiste? Pediu que um monge fosse pessoalmente visitar o padre. No dia seguinte, de olhos arregalados, o monge retornou com uma lista de chá de bebê. Sim, o padre estava grávido.

No domingo, o bispo foi visitá-lo. Levava dois coroinhas a tiracolo, como se dissesse veladamente que se preciso usaria da força. Encontrou o padre preparando a missa daquela noite. O corpo esguio de outrora foi substituído por uma silhueta estranha: os quadris largos, a barriga proeminente, as bochechas arredondadas. Tinha engordado e enlouquecido, concluiu o bispo. O padre lhe saudou com um sorriso enquanto dizia que o ofício daquela noite seria sobre a concepção de Jesus através do Espírito Santo. E emendou: agora que sei como se sentiu a Virgem, posso passar a verdadeira emoção desse milagre aos fiéis. O bispo desmaiou.

A carta narrando os últimos acontecimentos chegou à Arquidiocese três dias depois. O bispo contou tudo em detalhes, anexou cópias de exames, um DVD com a ultrassonografia e ainda solicitou a presença imediata do arcebispo. Ninguém mais poderia resolver esse problema. Ao ler todo o material, o arcebispo não esboçou nenhuma reação. Apenas pegou o telefone, discou pausadamente e esperou na linha. Quando obteve resposta, disse secamente: cardeal, preciso da sua ajuda.

Foi a chegada do cardeal à cidade que chamou a atenção dos jornais. Até então afastada do caso graças à discrição dos médicos, a imprensa mergulhou de cabeça nos acontecimentos surreais que rondavam aquela paróquia. Antes que o cardeal chegasse, já tinham publicado que a concepção provavelmente tinha se dado no carnaval, que o padre havia deixado a paróquia nessa época para, supostamente, visitar a família no interior, que testemunhas haviam visto um pierrô muito semelhante ao padre se beijar apaixonadamente com um diabinho menor de idade no baile da terça-feira. Também noticiaram que o parto, pelos cálculos de obstetras experientes, ocorreria na noite do dia 24 de dezembro. Logo passaram a chamar o bebê de Jesus.

Os fiéis estavam em polvorosa. Desde que a mídia passou a dar destaque à história, as missas da paróquia estavam cada vez mais lotadas. Muitos queriam ver de perto o padre grávido. Alguns, com aversão. Faziam o sinal da cruz, pediam perdão por acreditar naquelas aberrações, saíam correndo para se confessar em outra paróquia. Mas muitos outros agiam com devoção. Pediam para tocar a barriga, faziam orações coletivas ao redor do padre, alguns que chegaram a sentir o bebê chutando atribuíram a ele as graças alcançadas. O padre acumulava presentes em seu quarto: sapatinhos, mantas, gorros, mamadeiras, fraldas. Seu sorriso era cada vez mais embasbacado à quantidade de alegrias que Deus tinha reservado para ele. Passou a conversar com o bebê antes de dormir. E de tanto ouvir na tevê, sem querer, assim naturalmente, começou a chamá-lo também de Jesus. Ah, menino

Jesus – ele dizia, passando suavemente óleo de amêndoas na barriga, quanta alegria você veio trazer para este santo lar. Foi no meio de uma dessas cenas íntimas que o cardeal abriu abruptamente a porta. Vinha acompanhado do arcebispo, do bispo e de mais alguns outros padres. Tinha os olhos injetados e a testa suada. O padre manteve-se segurando sua barriga de seis meses sem entender muito bem aquela invasão. O cardeal limitou-se a dizer: já temos a clínica para fazer o aborto.

O menino Jesus já tinha um quarto improvisado. O padre havia dividido seu cubículo com biombos doados pelo Clube das Mães do bairro. Um berço, também doado, já estava preparado para recebê-lo com manta azul, brinquedos pendurados e um bichinho de pelúcia. Era um burrinho. Os presentes não paravam de chegar, entretanto, fazendo que fora dos biombos tudo lembrasse um quarto de criança. Chupetas, paninhos, mamadeiras. Até o cheiro já era de neném. Aquele odor de talco, suave e morno, circulando pelo cômodo enquanto o padre ia e vinha na cadeira de balanço aplicando-se óleo de amêndoas. A entrada da comitiva, portanto, destoava completamente do universo de paz existente ali dentro. Tanto que ao ouvir a frase do cardeal, a única reação do padre foi pedir silêncio. Psiu, ele vai escutar – disse. E levantou-se com dificuldade sob os olhares atônitos dos clérigos para preparar sua ida ao hospital. Tenho exames hoje – falou sorrindo – os médicos estão pensando em não fazer parto normal e preciso ver essa coisa da cesariana.

O cardeal estava furioso. Mandou que todos saíssem para conversar a sós com o grávido. A comitiva foi se retirando sem conseguir despregar os olhos da barriga. Entre os murmúrios dos que saíam, o padre chegou a ouvir o bispo dizer que aquilo tudo era obra do demônio. Não se deixou abalar. Sabia do milagre, havia sonhado com um anjo, tinha certeza que o Espírito Santo tinha um plano para ele. O cardeal sentou-se na cama. Respirava fundo, como planejando a melhor forma de falar, apontou a cadeira de balanço ao padre. Estavam agora frente à frente.

O cardeal quis saber a melhor data para marcar o aborto. O padre ainda tentou se fazer de desentendido, desconversar, falar que preferia que a decoração não fosse azul porque, enfim, não sabia ainda o sexo da criança. Não adiantou. O cardeal era um pedra de gelo e se comovia cada vez menos com a ladainha do padre. Que levou as mãos ao rosto, disse que não acreditava que a Igreja iria impedir aquele milagre e chorou como só uma... bem, como só uma mulher grávida consegue fazer.

Ao longo das semanas seguintes, lentamente, mesmo mantendo todos os cuidados de sempre, o óleo de amêndoas, os exames pré-natais, a dieta balanceada, enfim, mesmo comportando-se dignamente como alguém que carrega uma vida dentro de si, o padre foi se convencendo de que o cardeal estava certo. Não teria quem cuidasse da criança enquanto se dedicava ao ofício sagrado. Sua renda garantida pela Igreja era baixa demais para alimentar duas bocas. Um bebê implicaria em refazer muitos planos, mudar muitas rotinas, sacrificar muitas coisas. No dia de ir à clínica improvisada no quintal da casa de um médico aposentado, o padre estava completamente certo de que aquela era a melhor opção.

A Igreja não se pronunciou oficialmente sobre o caso. Apesar das especulações da imprensa, a Santa Sé não emitiu nenhuma nota, nenhum comunicado, nenhuma bula. Naquele mesmo dia, médicos foram à tevê posicionar-se contra o aborto. Diziam que a Igreja interromperia uma vida por um simples capricho. Que poderiam dar mais tempo à ciência para compreender melhor o fato. Que era precipitado taxar aquilo de "aberração contra as leis de Deus" sem se perguntar mais profundamente no que aquilo poderia representar para a humanidade. Extraoficialmente, a Igreja rebatia as críticas dos cientistas dizendo que Deus havia estabelecido a vida de uma maneira e só aquela maneira era considerada divina pela Igreja.

No dia 24 de outubro, dois meses antes do Natal, o aborto foi feito. O bebê pesava três quilos, era um menino e fez recender pela sala de cirurgia um forte cheiro de mirra e incenso. O único a chorar foi o padre. Todos os outros santos homens da Igreja comemoraram com vinho a vitória da fé sobre a ciência. Diziam que a lei de Deus, acima de tudo, se havia cumprido. Daquele dia em diante, todos os bebês passaram a nascer anencéfalos.

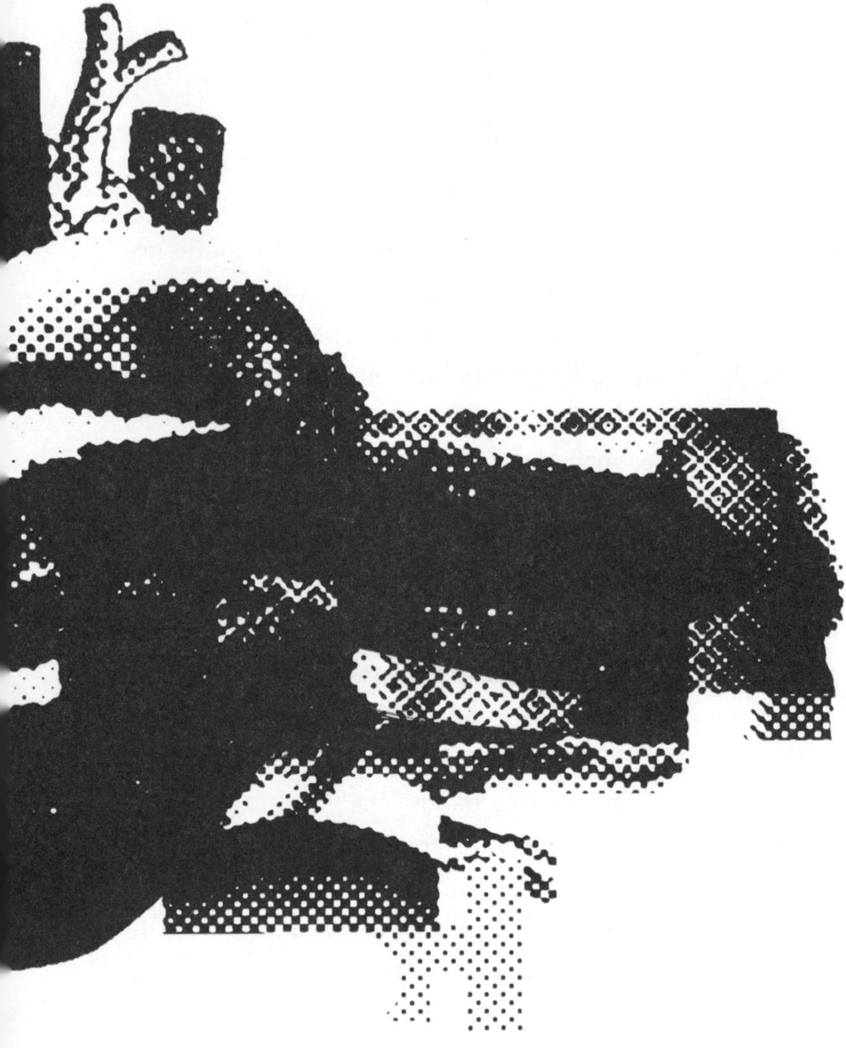

"I wish: I want to stay here
I wish: this be enough
I wish: I only love you
I wish: simplicity"

Björk

GIRASSÓIS & BORBOLETAS

Eram, portanto, simplesmente mais um casal no meio da metade do silêncio do restaurante. Hora do jantar, muitos saindo do trabalho, barulho mesmo vinha lá de fora, a cidade em carne viva e inflamada e quase supurando enquanto despejava seus litros de pessoas e fumaças e confusões bem naquela mais uma hora do rush. Nada de extraordinário o lugar, seis ou sete mesas, um balcão simples, quase uma padaria mesmo, carros, carros, carros, vazava da rua o ruído da vida, e ambos sentando calmamente à mesa de mármore e metal. A gente para aqui e come alguma coisa pra você não ter que cozinhar, foram as palavras que despertaram a vontade de tomar sopa. Sentam-se com aquela certeza que alguns meses de namoro, quase um ano, meus Deus, é incrível, estamos há quase um ano juntos!, dizem-se, e sentam-se com aquela certeza semissupramencionada de que tudo iria decorrer exatamente como acontece a todos os outros casais, eles sabem, teriam sonhos juntos e às vezes pesadelos, poderiam contar com um corpo alheio e morno para se aquecer numa chuva noturna, fariam jantares aos amigos, passariam férias num inóspito paradisíaco, ficariam em casa no réveillon por falta de dinheiro e no outro ano estariam em Paris, enfim, altos e baixos de uma vida a dois – cultivada, diga-se de passagem, no sabor irremediável do dia a dia, nem sempre viam-se com os cabelos penteados e as melhores roupas, já haviam ultrapassado o limite inicial do flerte que impõe duras regras de convivência.

A sopa vem no apogeu de seu fumaçar, pimenta branca e salsa, têm certeza, talvez uma pitada de cominho ou alecrim, não sabem precisar com exatidão, mas exala delícia aquele líquido vibrante em suas cores inseridas nas cumbucas de louça branca enquanto o vapor vira salivação. Sorriem-se – é bom poder jantar com companhia, mesmo se tratando unicamente de uma singela mas bem temperada sopa. À quinta ou sexta colher, olham-se, ou mais que isso, entreolham-se, se é que podemos tratar dois olhares que se chocam como superlativo de um olhar que tão simplesmente fita o inanimado. O que é que você tem?, é a pergunta que paira no ar, com resposta que vem logo em seguida, quase automática, parece que só esperava pelo sinal para começar a edificar, letra por letra, palavra por palavra, frase a frase, caiando com as pontuações corretas, um contido mas agora extravasado muro de lamentações. É que às vezes, meu amor, meu chefe é tão tirano, nem parece aquele que me dá bom-dia no ápice do alto astral, e fala isto como se criança perdida da mãe em busca de alguma proteção paterna, os olhos grandes e brilhantes e tão transparentes, comovem quem os escuta, vem logo o consolo, Mas chefes, amor, são assim mesmo, são pessoas, às vezes estão bem, às vezes não estão, a gente tem que saber respeitar estas oscilações, Sim, eu sei, mas custa alguma coisa ser gentil de vez em quando?, A gentileza forçada é muito pior que a rudeza, meu amor, e seguem nesse diálogo sobre chefes. Como se realmente falassem sobre chefes. Na verdade, falam sobre tudo ao redor, as pessoas, seus desejos, suas angústias, falam entre uma colherada e outra de sopa, feijão e carne, falam, enquanto o líquido desce quente para amenizar o frio dos invernos, que é bom poder contar o dia para alguém quando este segue próximo ao seu fim, é bom ter a segurança de não estar só, é bom compartilhar os risos e os choros porque compartilhá-los os torna especiais, como se rir sozinho ou chorar escondido fosse apenas um momento comum condenado indefectivelmente ao esquecimento breve. Acho que hoje vai chover, dizem. E olham pro céu através da janela, os rostos encobertos pelos vapores das cumbucas fumegantes, A gente podia alugar um filme e ficar em casa mesmo, é a ideia que surge com a constatação da meteorologia: começa a chuviscar. Há poucas pessoas no restaurante, a maioria conversa, cada um com seus pesos e suas dores de pescoço, Você me faz uma massagem?, e é claro que faz, assim que chegarem em casa vão tomar banho, trocar curtos beijos e se entregar a uma massagem. Um ritual de extrema irrelevância aos que os observam, mas de valor inenarrável aos que se jogam a esta deliciosa mesmice que é viver.

Riem. A segurança de ter alguém para amenizar as dores do pescoço provoca isso: risos. Assistindo aos pingos que caem pela janela, ambos desejam uma vida cada vez mais pacífica, os braços do amor, um aconchego que não se encontra nos edredons vazios, felicidade sim e das mais piegas, posto que todos os amores sofrem do mal da pieguice.

Na pele, então, o frio se manifesta, Se fizer sol semana que vem, a gente podia ir pra praia, dizem num arrepio, bonito de ver o gesto, alguém com frio planejando ir à praia. Planos, planos, planos. Impossível não se entregar a eles. Como no domingo em que se lançaram ao descompromisso de passar o dia todo na cama, quando vier traz água pra mim, quer sair pra comer alguma coisa?, tá passando o que no outro canal?, e muitas outras frases que serviam de interlúdio ao assunto principal: nossa casa vai ter um jardim grande, meu amor, onde você vai plantar girassóis e tulipas, mesmo sabendo que flores assim não germinam no clima dessa cidade, não importa, são girassóis e tulipas que combinam com você, com esse sorriso aberto como um sol, com essas mãos de pétala caindo uma a uma em minha pele, com teu cabelo que tem sempre esse cheiro de pólen, são girassóis e tulipas que você vai plantar enquanto eu giro numa rede cuidadosamente armada na varanda, lendo mais um livro dos meus inúmeros, parando de vez em quando para observar as borboletas amarelas que amo tanto e que as tuas flores atrairão para mim.

Planos, planos, planos. Olham-se através do cheiro das sopas. Os olhos brilhando como cintilam as flores num dia de sol, Acho que vou pedir demissão, é o que ecoa no salão quase

vazio, quase cheio, depende apenas da intenção de quem olha o tal salão, cômodo onde ressoa a frase tão pesada, acho que vou pedir demissão, e é dever de quem ouve uma frase como esta ponderar todas as variantes antes de chegar a qualquer conclusão, as próprias variantes, as do outro, todas elas, pois são agora todas elas uma só, Olha, você sempre me pede sinceridade, então darei o que você me pede, não faça isso agora, vai ser difícil arranjar outro emprego, você sabe, temos planejado tantas coisas, o apartamento tá quase pronto, você finalmente vai poder, morar com você, só isto importa, né?, Não, não é só isto, mas é isto também, valorizo todos esses sonhos, eu também, então, espera mais um pouco, pode ser só uma fase. Discussão simbolicamente suspensa.

Dá uma certa tristeza, um aperto lá dentro por não saber para qual caminho ir. Carros vão, carros vêm, olham essa movimentação pela janela, sentem um frio tão grande, vontade de descansar os pés numa bacia de água morna, a sopa chegando ao fim em suas cumbucas, fica um silêncio estranho, meio desconfortável, como se o assunto ainda não tivesse chegado ao fim. A sopa encerrando-se antes das palavras, a hora de ir embora, tantos problemas para resolver e saber assim de repente que amar não cura tudo dá uma dor de saudade de ser criança e esquecer das aflições só em dormir e acordar, toda criança assim, dorme acorda e esquece de tudo, que bom seria não ter na alma de alguma forma latejante tudo que foi esquecido anteriormente.

Levantam-se, vão ao caixa, pagam. Ainda é silêncio, um incômodo crescendo, vão andando, fila indiana, ainda chove,

param sob a marquise, você tem razão, vou esperar mais um pouco, tem certeza?, sim, tenho, você faz o que quiser da sua vida, não quero que faça nada por mim, eu sei o que quero, e o que é?, Girassóis e borboletas, teus girassóis, minhas borboletas, tudo num mesmo grande jardim. A chuva engrossa, um olhar mergulha no outro, frio nas peles: abraçam-se. Mas não se beijam. São homens.

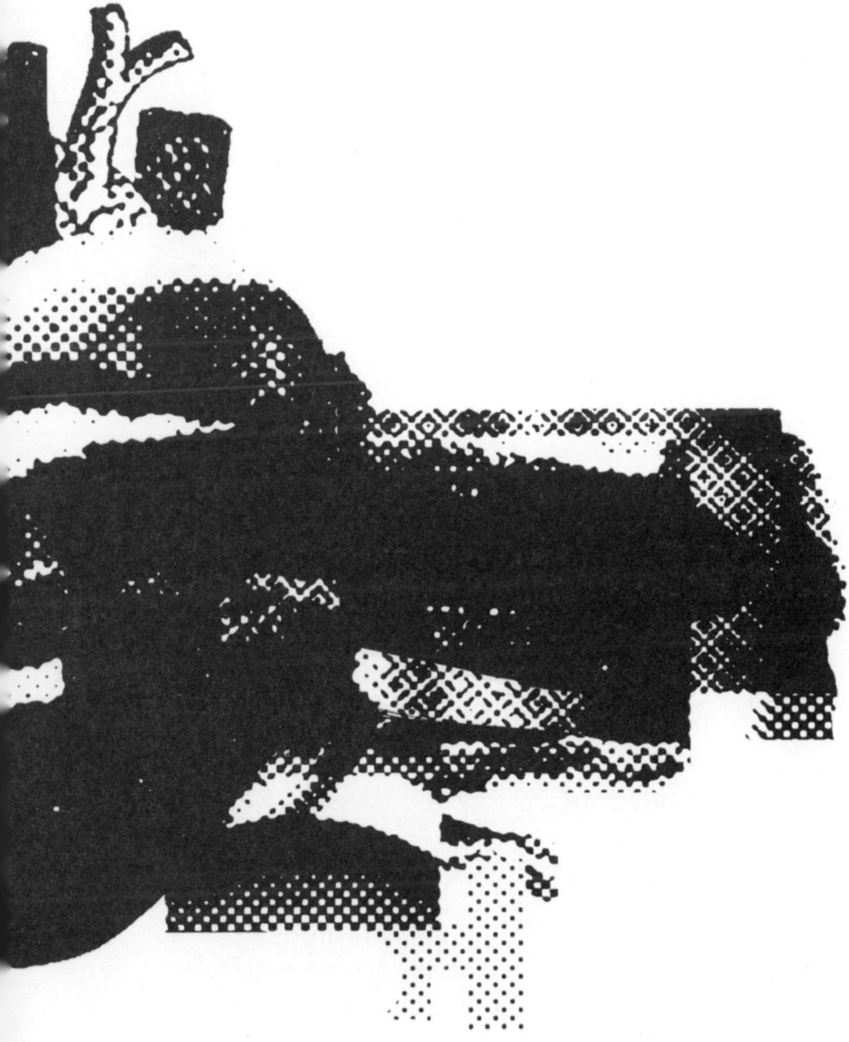

""No quiero morir sin antes haber amado
Pero tampoco quiero morir de amor"

Los Fabulosos Cadillacs, "Calaveras Y Diablitos"

O CAIS

Para K.S. e M.L.

Eu vou te esperar, ela disse. E poderia ter dito tantas coisas, mas nada soaria tão como uma sentença. Um veredicto para si mesma. Sentou-se no banco com aquele vazio que cresce depois das grandes emoções, aquele perguntar-se e agora?, um gosto estranho de pão de queijo e guaraná. Vívidos em seus olhos aqueles últimos instantes, as malas prontas, o sorriso de resignação, a latinha de refrigerante indo e vindo enquanto o navio apitava. Por que apitam tanto?, ela se perguntava, sentada no banco, irritada, consternada, inválida. Amélia olhou pros lados e viu ondas de pessoas naquele porto. Nenhuma sabia, entretanto, o buraco dentro dela, as lembranças, as angústias, o medo de todo aquele sofrer de repente, com o tempo, com a distância, com a vida prosseguindo, acabar. A vida acaba com mais coisas que a morte, ela se dizia. Então pra que voltar ao trabalho, à casa, aos amigos? Pra que dar chance de tudo terminar?

Sentada num banco, os pés tocando a pedra molhada como fosse um tapete de água sólida, imersa entre marinheiros e prostitutas, só conseguia pensar nos beijos e promessas, nos amores suados e às vezes secos, nos momentos de luz e ar rarefeitos, liquefeitos e satisfeitos numa cama qualquer. Eu vou te esperar, ela disse quando ele deu os primeiros passos na prancha sobre o mar. Disse e sentou-se. Agora, horas e horas depois, sentia-se mareada.

O movimento amainando, o mar escurecendo, seus olhos secos. Já era outro dia ou ainda o mesmo? Pensou nas terras além, nos novos seres que brotariam dentro dele, lentamente transformando-o em outro. Será que vou te reconhecer quando você voltar? Porque ela própria já se sentia outra. O tempo e a resignação a deixariam mais forte, menos ingênua, sempre doce porém. Como é forte sentir aquilo que mostram nos filmes, que a câmera não consegue captar, que não tem substantivo pra definir. Qual a palavra para dizer que quer de volta o que imaginava ter mas nunca em verdade teve?

Percebeu a ausência daquele amarelo no céu, a bolha de mel gigante. Havia apenas um traço prata perfurando pontiagudo um tecido de luto. Sabia não poder lidar com o nada que veio depois de chorar, de dizer que iria sofrer, de murmurar eu-te-amo uma, duas, três vezes enquanto o apito do navio rasgava o ar. Deveria ter gritado, ela concluiu, deveria ter gritado para abafar o berro insolente do monstro de metal, gritado até. Até o quê? Era tudo tão interrogativo agora.

Ela, então, adormeceu. E só quando uma trombeta gigante anunciou a chegada de mais um transatlântico, despertou coberta numa colcha de lã. Olhou para os lados, quis saber das horas, ninguém tinha relógio. Qual a palavra para dizer que o tempo é medido por pontadas na boca do estômago? No frio da manhã, caminhou até o banheiro público enrolada naquela pele gorda e morna. Vagas e mais vagas de transeuntes cobriam o lugar, todos com o rosto dele. Que era feito de mármore e leite, era forte e acalentador, era homem e anjo. Amélia animava-se, quase gritava de emoção, via que não era ele. E tinha vontade de dizer-lhe ao ouvido, alternando o foco do olhar entre a orelha e a leve penugem do lóbulo, que ser tocada por ele era como uma massagem nos pés, como um vento levantando a saia, como o barulho da chuva chorando no oceano. Era como ter certeza da própria existência, validar-se humana, ele a condição primordial para diferenciá-la dos bichos.

E por que o tempo não adiantava?, por que não chegava logo aquele momento?, ela novamente nos braços-laços do seu querer como foi naquele domingo. Naquele sábado. Em tantas segundas, quintas, terças. Sem esse poder, passou a olhar assertivamente o mar, adivinhando tudo que estaria depois dele, além do imenso vitral anil, todas as cidades, todas as possibilidades, tudo. Cada prédio, cada rua, cada pessoa: ela adivinhou. E podia ver nas faces das mulheres do porto como eram bonitas as mulheres de lá, do outro lado, como eram voluptuosas e elegantes e mais mulheres. Qual a palavra para dizer que não ter certeza do amanhã faz querer de volta o ontem? Seduzida pelo ciúme, correu ao banheiro em busca de um espelho, um metal, um alumínio, um reflexo qualquer que confirmasse a si mesma sua feminilidade.

Admirou-se na água da privada. Os cabelos se movendo leves, o riso prateado, o olhar aquoso. Sorriu, e sorriu, e sorriu, e saiu do banheiro com esse riso frouxo, quase escandaloso, descontrolada, violenta, animalesca. Foi contida, acalmada, mas sabia-se cada vez mais selvagem com a distância. O não-estar dele invalidando o que lhe restava humano.

Tragada pela igualdade das horas, pela semelhança dos dias, pela similaridade das semanas, pela redundância enfim, Amélia se desesperançou. Sobreviveu do seu sentimento, comendo quando podia, o que podia, se podia. E tentou decifrar o que era aquilo: aquele bolo entalado na garganta quando lembrava dos lábios dele, da voz macia, do sorriso de criança; aquele nó na boca do estômago consumindo todas as certezas de continuar; aquele querer de novo tudo que ainda não viveu. Mas não saiu dali: seu pequeno reino à beira-mar.

Destroçada, néscia de seu futuro, informe em seus cabelos desgrenhados, o sorriso sujo, a pele hachurada, passou a odiá-lo. Porque estava longe e não voltava, estava vivendo e deixando morrer, estava feliz e ela tinha certeza: só ela era incapaz de sê-lo. Passou quanto tempo? Dois dias, dez anos? Amélia não queria saber mais. Não queria saber dele. Não queria saber de si. Qual a palavra para dizer que o amor virou uma chaga aberta que não para de sangrar? Animal feroz, correu nas quatro patas até a ponta do píer.

Quando os calcanhares se descolaram do tapete de água sólida e a pele gorda e morna desceu por seu corpo e a bolha de mel incandesceu seus olhos ao brilhar no imenso vitral anil, os cabelos movendo-se leves, o riso prateado, o olhar aquoso, ela ouviu o berro insolente. Mais um monstro de metal irrompia do horizonte. Amélia resolveu esperar. Só mais um pouco.

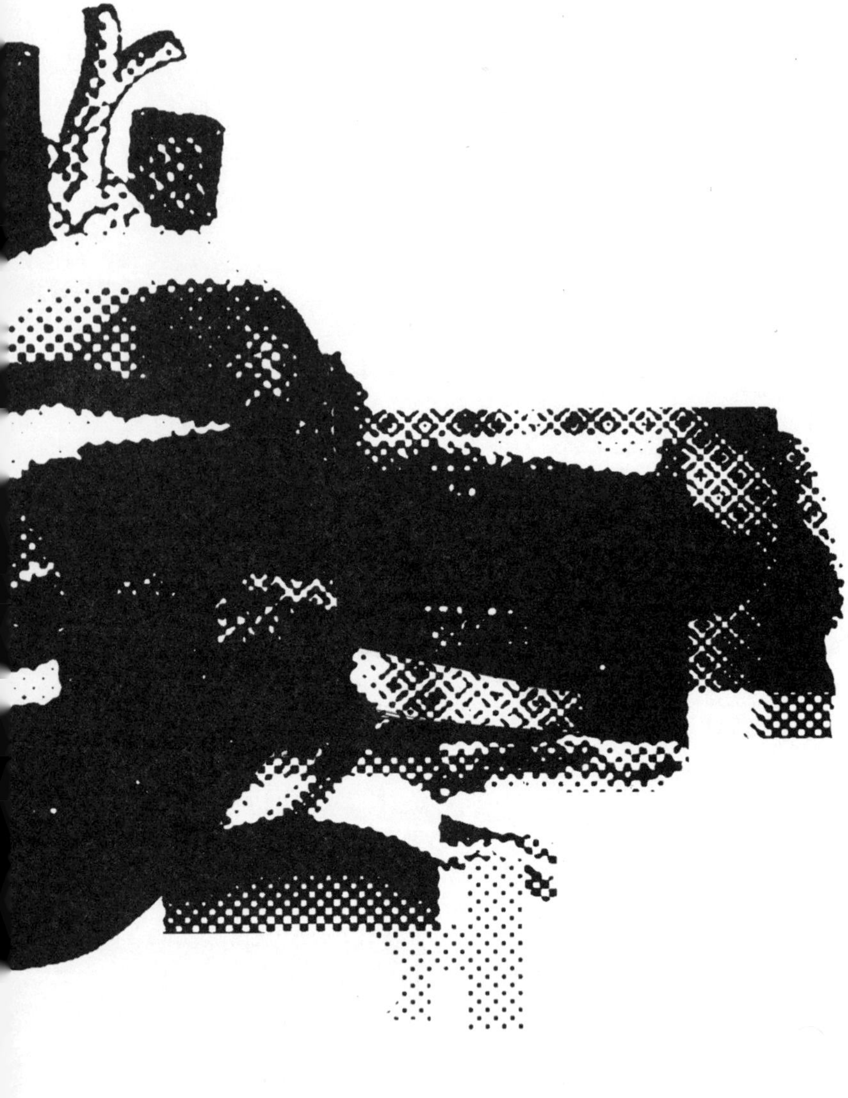

PROPARÓS

Para R.M.

1. elíptico

se soubesse dos perfumes que estavam guardados esperando apenas uma leve aspiração das narinas: odores de almíscar com nuances amadeiradas, odores de flores das pétalas que queriam, com tanto afinco, serem despetaladas; se soubesse do trabalho minucioso que é transformar-se em beleza, e do ardor que sobe pelo estômago quando, diante do espelho, se detecta que ainda não há beleza o suficiente para causar o agrado que se deseja, para então, ante esta constatação amarga, iniciar novamente todo o ritual, todo o ardor, todo o trabalho minucioso; se soubesse como tremiam as mãos tentando segurar o cigarro, o volante, o grito que queria cortar a garganta e contar ao mundo o tamanho da dose de adrenalina que estava jorrando pela circulação sanguínea, boca pedindo saliva, peito pedindo beijo, frio pedindo edredom; se soubesse do setlist impecável feito nas arestas da memória para brindar aquela noite com uma trilha sonora adequada: portisheads, nirvanas, madonnas, audioslaves, jewels, todas as faixas tocando ao mesmo tempo na cabeça, no caminho, na tensão daquele momento, uma indecisão tremenda entre enjoy de björk e corduroy do pearl jam, o tantinho de sanidade que restava se esvaindo com a proximidade do encontro, o hálito perfeito de listerine e halls extraforte, as unhas devidamente feitas: aparadas, lixadas, delineadas, prontas para rasparem de leve as costas suadas e riscarem como esferográficas umas tantas palavras sujas que não significam nada além do que realmente significam, apesar do entorpecente teor feromônico, e o carro sendo estacionado e a lembrança sendo acionada: toalha molhada na cama, cabelos molhados em movimento, corpo molhado escorregando entre as moléculas de incerteza que preenchiam o espaço cúbico do quarto, e tantos ensaios no espelho, tantos diálogos hipotéticos, sacadas geniais que surgiram e precisavam ser ditas para se confirmarem realmente sacadas geniais; se você soubesse de tudo isto, do que a noite prometia, de mim ao menos, teria me feito núcleo do sujeito e não sujeito elíptico das orações. mas teu forte nunca foi a sintaxe.

2. cístico

e tenho você como uma coisa volumosa e subcutânea, um caroço na derme, um algo assim. você não dói, não arde, não coça, apenas incomoda quando a lembrança de sua existência me vem à mente numa espécie de vertigem do inevitável. tenho você tal uma senhora tem a hanseníase: pele manchada marcada deflorada pela presença dessa pele que me tocou, que eu toquei, que me apossou, que não me apossei, mas que, entretanto, não passa disso: uma mancha, por vezes esquecida, noutras psicoticamente lembrada. não é calo, não é furúnculo, não é tumor: é uma espécie de ser indefinível, que não cresce nem diminui, mas que de vez em quando me lembra estar aqui, intra-eu, existindo, me subexistindo, não inexistindo. ontem, no supermercado, por exemplo, te lembrei. passava por gôndolas de barra de cereal e lá vem a memória e suas inflamações, aquela raiva momentânea sendo acionada e com ela os conselhos que me deram e que ainda servem para aplacar qualquer sentimento que você por ventura me suscite. posto que você também já não consegue que eu sinta algo além desta raiva momentânea. lá vou eu, então, cambaleando pelas gôndolas, buscando um outro algo no qual possa me fixar. mas tua presença era tanta, tamanha, monstruosa, que não consegui. eu me disse: não vou chorar. e, sinceramente, pode ficar na mesma tranquilidade de sempre: não chorei. mas só por um motivo: me disseram que não tenho do que reclamar, que você foi apenas mais um tropeço, que na vida haverá tombos, não tropeços, e que destes tombos sim tenho o direito de reclamar. o problema é que nunca tinha sentido sequer desequilíbrio. o problema é que não havia preparação para enfrentar este tropeço. o problema é que não me educaram para cair e levantar. o problema é você. o que fiz foi ir ao banheiro, lavar o rosto, olhar devedês, desopilar. mas momentos assim já são tão frequentes que rezei quando cheguei em casa, pedi que o caroço sumisse, que eu pudesse retomar minha vida sem estes surtos de burrice. não sei, ainda não digeri aquilo tudo: aquilo pouco: aquilo mirrado: aquilo pelo qual eu tinha que implorar muito para ter: aquilo que você tentou de todas as formas fazer acreditar ser sincero, atestando que realmente me pensa imbecil. não me contento com pouco e era pouco o que você tinha a oferecer. tendo isto esclarecido, agora responda: qual a sensação de ser um cisto sebáceo?

3. anaclítico

essa coisa foi dominando o corpo, escamando a pele, quebrando fio por fio do cabelo, loucura sem padrões pré-estabelecidos, eu totalmente fora das ceenetepês. e não conseguia detectar o que estava acontecendo, de repente eu-nariz e você-cocaína, simbiose que aliviava minhas mucosas e fazia sorrir, mas nem por isso se tornava uma coisa boa, visto que gradualmente deixou de ser simbiótica nossa relação, virei quase-parasita, uma espécie de rêmora nadando rente à tua boca. essa coisa tomou proporções hollywoodianas, explosões de carros, vulcões em erupção, invasões alienígenas, meteoros em rota de colisão com a terra: tudo isso no meu peito, amortecendo aos poucos o que imaginava ser vida, transferindo meu fluido vital para outro corpo, sendo tudo subitamente para por em função de você. essa coisa fincou raízes, baobá em meu pequeno planeta, e cristalizou e enrijeceu e fez morada nalgum ponto obscuro aqui dentro: nas retinas talvez, estas que em tudo viam tua imagem e semelhança, você-marca-d'água por sobre todas as visões, por sobre todos os pensamentos, por sobre todas as lutas em te esquecer; ou nas papilas da língua, todas sem sabores, sentindo só teu gosto, ecstasy entorpecendo, suor pedindo água. deplorável este novo eu que teve coragem de criar uma dependência absurda, uma taquicardia idiota, uma sudorese táctil desidratando os tecidos, minha vida se esvaindo nas gotas da heroína que eram, mesmo sem querer, tuas palavras. foi quando me vi com síndrome de abstinência, nada aliviando, nada retroalimentando, nada me nutrindo, inanição, síndrome amotivacional, depressão. foi quando me vi na necessidade de estar aí perto pra conseguir respirar, pra sobreviver, pra dar um passo à frente. foi quando vi que essa coisa me tornou metaforicamente um junkie obcecado, denotativamente um cheirador compulsivo. foi quando percebi que você não era um hábito saudável. e, sinceramente, não é nada pessoal, mas não tenho vocação para cristiane efe.

4. quásico

aquele quase beijo só não é nosso porque ficou em mim guardado de um modo diferente com que ficou em você: é teumeu quase beijo, portanto. aqui revira convicções, devora certezas, enrola tripas. em você, não sei. como não sei de tanta coisa que, se soubesse, diminuiriam os quases que habitam meus dias. quase feliz, quase tocado, quase querendo, quase querido, quase beijado, quase teu. vivo assim, por um triz, sempre na fronteira de algo que não acontece. mas quase. espera autofágica: ai do meu pequeno eu, já tem tão pouco do que se alimentar, e este pouco a cada dia vai se tornando ainda menor, superlativo de pouco, tão dolorido tudo isto. quase toquei teus lábios, quase me rouba um beijo, quase que eu enfim sentia o gosto que espero tão pacientemente sentir. sentirei, eu sei. mas quantos quases ainda me esperam? quantos momentos como aquele – de luzes acesas, mãos quentes, riso faceiro, taquicardia, pernas em transe, tua beleza em meus olhos, meus olhos em tua beleza – quantos momentos como aquele terei que suportar até que nosso beijo nasça?, até que eu possa chamar algo de nosso?, até que eu e você nos tornemos um só pronome (feliz primeira pessoa irradiante do plural)? teumeu quase beijo foi isso mesmo que dá a entender: um exagero de hormônios, uma profusão de cores ambíguas, um medo e uma atração ao mesmo tempo, coração só não escapando porque a língua fez o favor de segurá-lo. mas a língua queria estar ocupada com outra de sua mesma espécie: a língua queria outra língua apenas. teumeu quase beijo está pronto para virar o nosso. sem quases. disso sei há tempos.

5. linguístico

quero que você leia com atenção, mesmo sabendo que nem precisava dizer nada. talvez não dê pra lembrar, certas coisas escapam por umas memórias enquanto latejam tal gânglios inflamados em outras. esta é uma delas: você dizendo que eu não deveria comer tanto sal e eu pensando que realmente não como tanto sal e você sabendo que eu estou pensando isto e dizendo que todo mundo pensa que come pouco sal. hoje em dia, sem fotos ou outros mecanismos que me carreguem ao menos em ilusão até aí, ingiro coisas insossas para sentir de novo um pouco que seja de você. apenas um truque para enganar meu desejo. e sei que você entende exatamente do que estou falando: mesmo que fosse em grego, ou inglês, ou árabe, mesmo que fosse em esperanto: continuaria entendendo como funcionam meus paliativos para o aneurisma que é a saudade de nunca ter tido você. o mesmo episódio faz provar tua capacidade em decodificar meus sinais mínimos, as mensagens cifradas por trás dos torpedos e e-mails e ligações curtas para perguntas repletas de futilidade. você me lê, você compreende, eu tenho certeza. mas por que me deixa em suspense, esperando pelo próximo acaso, torcendo por uma razão que pareça despretensiosa para que nos encontremos? por que não usa das minhas palavras para dar uma resposta?, um sim ou um não que seja, estou pronto pro que vier, só não me cabe mais a dúvida. já arquitetei incontáveis planos perfeitos pra ter dos céus o sorriso de estarmos próximos: pegar coisas emprestadas, ter dúvidas no meio do expediente, checar a programação do fim de semana, devolver as tais coisas emprestadas, aparecer de surpresa onde sei que você está. e você, que me fez? até encontros em grupo, juntando os meus e os teus na mesma mesa, já fui capaz de forjar. tudo sempre parecendo que não era comigo, que não era eu o protagonista, que não era você meu desejo, que aquilo não estava acontecendo por arte das minhas estratégias. mas agora vou esperar, sabe?, agora cansei, não tenho mais planos, não mais esforços, não mais criatividade para me aproximar disfarçadamente sem que uma bandeira grande e tremulante se instale na testa. nem quantifico mais as letras que já escrevi pra você, os poemas e as cartas e os contos e muitas outras coisas que você já leu – e se entendeu, eu sei, fingiu que não era com você. pois bem, minha vez: vou fingir não te ver ou fingir não me importar ou fingir passar fins de semana feliz ou fingir não perceber que seus olhos furtivos têm meu corpo como alvo: este será meu texto. vou seguir comendo coisas insossas também, brócolis, vagem, tomate, couve-flor, porque nada vai conseguir ser mais insosso que essa história até então. você entende minhas palavras, com certeza detectou através das pistas que não posso estar falando de outra pessoa: e já que me lê tão bem em qualquer linguagem, por que ainda não em braille?

6. dislético

você conseguiu. ignorando os apelos, burlando os significados, inexplorando as zonas que se estavam abertas às tuas invaginações. sugiro uma forma exultante de comemoração, festa americana, happy hour, um brunch ao menos. há de se comemorar tal feito, em se sabendo que nem todo mundo é capaz de fazer o que magistralmente você conseguiu: transformar encantamento em pasmaceira, afinal, é um feito dos mais memoráveis. agora toco o que antes era meu desejo e o que sinto é um indizível zero se estendendo pelo corpo, não mais em radiações profusas e admiráveis, não mais em derramamentos hidrelétricos de hormônios, não mais como se o animal dentro de mim se convulsionasse com mais força do que imaginava poder. o que me toma, veja só, é uma espécie de compaixão, uma tristeza mal-vinda por envolver com os braços o que tanto desejei e, no entanto, nem mais me importa. e é triste tudo isso, essa história de não-mais-querer, eu sei, mas é uma infelicidade diferente e necessária, sentimento sem desconfortos muito embora desagradável: damo-nos à luz novamente quando morre o desejo. você conseguiu. fingindo não entender as letras, fugindo com sofreguidão das propostas, forjando umas desculpas deveras primeiro-grau para estar ausente do que eu era presente (mostrou-se tão colegial, meu deus, devia se envergonhar disto). e não, por favor, não me entenda mal: é realmente gratificante que você tenha se tornado este nada. apesar da ironia ser-me um item de série, agora uso apenas do meu ex-adormecido recém-desperto bom senso. já nem meço tanto as palavras, já nem limito demasiado as expressões corporais, já nem tento me passar por quem não sou. estando nós dois livres do disfarce cruel imposto pelo flerte, posso ser, finalmente, apenas eu. você conseguiu. não dando a mínima aos implorados erriessivepês, se concentrando unicamente nos seus sorrisos inteligentes, deixando a racionalidade assumir ares de lerdeza. por favor, não leve a mal, mas há verdades que preciso dizer: nem sempre é preferível a calma porque a vida ensina que o desejo tem pressa: se não saciado, é findo. e não sei por que quero muito te dar sinceros parabéns, mas só me vem à boca um enorme e reverberante obrigado.

7. verborrágico

(Tempo chuvoso. estrada vazia. vem o assunto). Eu não tinha percebido que estava acontecendo algo entre nós. naquela noite, sem querer ser inconveniente, agi normal com você, como amigos, entende? não era minha intenção frustrar teu desejo. Então foi por isso que, apesar dos meus perfumes e do meu olhar brilhando e da minha clara felicidade em estar ali, ao teu lado, apesar de todos os sinais, foi por isso que você não deu nenhum sinal verde? pelo menos verde o suficiente para que eu avançasse. Foi, exatamente, que bom que você entende. Não, não entendo. Sinceramente não. Porque não foi ali que nossa história começou, você sabe, foi bem antes, quando eu nem imaginava que chegaríamos a este ponto. Que ponto? A ponto de discutirmos nossa relação quando, a bem da verdade, nem há ainda uma relação a ser discutida. É, não há. Ainda? Você disse que eu era uma espécie de caroço sob a tua pele. Isto me doeu demais. Mais dor eu senti ao constatar isto. Mas você estava mentindo. Estava. Então. Então o quê? é realmente isto que importa agora: quem tem razão? Não, não é isso. é que não me senti confortável em encarar teus olhos depois disso. e ainda teve aquela história do vício, que eu era como uma droga, que eu tinha te feito mal. Eu estava sofrendo, foi isso que quis dizer. Mas sofrimentos não podem se transformar em dízimas que se estendem entre os corpos até o infinito. Não é justo. Não é justo, mas foi depois disso que você tentou me beijar. E você se negou. Eu me assustei. E disse preu nunca mais fazer aquilo. Mas depois eu disse pra não levar tão a sério. Só que a vergonha que eu senti já tinha se alastrado, você nem imagina o quanto. Tanto é que eu fui embora. Foi por isso que você foi embora? Mais ou menos. E nem deu sinal depois. Ainda a vergonha. Também fiquei com muita vergonha, ainda mais porque não era o momento praquilo acontecer. E é você quem decide o momento? Você sabe que tudo era muito confuso pra mim, pensei que você teria a grandeza de me respeitar. A recíproca é verdadeira. Só que depois eu deixei claro que o sinal estava verde. Disse que precisava de uma resposta, que você me lia e entendia e podia dizer sim ou não. E eu não sabia mais se era sim ou não depois daquilo tudo. Eu fiquei na minha. Não, você me cercou, me sufocou, pode até ter sido sem querer, mas eu sempre recebia notícias tuas, sempre sabendo com quem você ficava, de como tinha sido divertido, do quanto você estava adorando. e você continuou escrevendo tuas coisas, dizendo que eu tinha um talento nato para frustrar expectativas. eu queria muito ver até onde você iria. Você estava me testando o tempo todo! E você fugindo dos testes. Ninguém tem o direito de me testar. Por que você insiste em ser tão acima de tudo? Não entendi essa. 'Ninguém tem o direito de me testar': com que direito você diz isso? Pare, por favor. E ainda teve a cara de pau de me chamar de infantil! Você está sendo. E você não? Quem foi embora com desculpas esfarrapadas foi você? Não importa quem tem a razão. não faz nem dois minutos que você disse isso. Se arrependimento matasse, eu não teria começado essa conversa. Arrependimento mata. Saco! Idem. É hora de começar do zero, eu acho. Esquecer que você falou que. Esquecer tudo e começar do zero. Porque criar mágoas nunca foi nem a minha nem a tua intenção. Tem razão. Então? Fale você. Por que sou eu que tenho que falar? Porque é você que quer uma resposta. Nem sei se quero mais. O seu querer é sempre tão complexo? É, tudo que eu precisava era alguém que pudesse entender. Eu não posso. Já respondeu então. Mas me deixe tentar. (Tempo ainda chuvoso. estrada ainda vazia. Silêncio).

8. fatídico

após tantos talvezes, incontáveis possivelmentes, insondáveis advérbios de modo, por fim euvocê. num susto premeditado por ambas as partes, num surto fingido pelos dois lados, num curto espaço de tempo embora longo nas mentes imersas na vodca da noite – elas, as mentes, totalmente em ebulição; nós, dementes, por fim em abolição. e que bom libertar-se vaporizar-se inconter-se. que bom ser exclamação diante de exclamação, sem mais perguntas, ainda não respostas, reticências jamais. que bom não ter que decifrar códigos, ler entrelinhas, tostar o cérebro em significados inverídicos. após tão hesitantes, após tão reticentes, nós então trovejantes, nó de mãos em torrente. e sim, sou pura bobeira. como sempre, como nunca, como tanto, pura bobeira ao alimentar-me da saliva que tanto muito sempre quis do gosto saber e agora finalmente sei e então não espanta ser mais que pensava e muito mais. portanto quero mais, ainda mais, portanto não vou negar, por tanto que foi então os olhares extasiados, então as bocas entreabertas, então os corpos desmistificando o que é ser corpo e ainda assim sendo. nós macios, tremeluzentes, concretos: assim seguimos no deslizar deste desejo, agora as línguas unindo o que outrora ínguas vagando num tão se machucar sem sentidos. por fim, acaboucomeçou. já podemos poder o que quiser, já podemos dizer sim ou não quando bem entender, já podemos não mais guerra constante – porque a guerra cansa tanto, os combates exaurem minha poesia, euvocê é bem mais lucrativo. não cobranças, não anseios, não adestramentos: vai ser tudo como antes mas agora bem melhor. agora muitos concertezas, agora muitos certamentes, agora muitos sins. tudo sim. quando puder, quando der, quando quisermos. após tanto, quem diria?, ainda tinha mais. é essa tua capacidade de renascer em mim que mais me espanta. que mais me prende. que mais liberta. após tantos após, finalmente um agora.

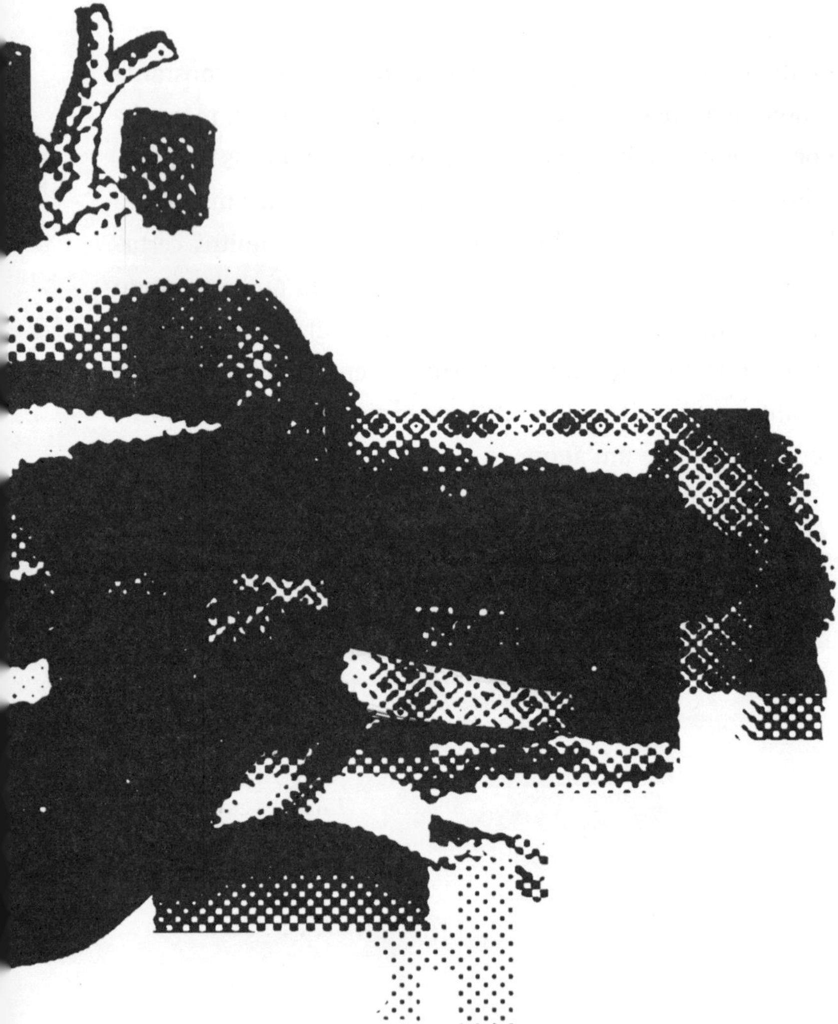

A MOÇA DO AQUÁRIO

O que me diz a moça do aquário? Com os olhos perdidos, aquosos quando fitam algo além das paredes de vidro, incandescidos pelo brilho lá de fora; com as unhas pintadas e a tanto custo intactas, visto que a fome, o tédio e a ansiedade chegam com hora marcada, infalíveis, britânicos, a primeira às doze, o segundo às quatro, a terceira às nove; com o cabelo quase crespo, quase mesmo, maltratado que está por escovas, chapas, formóis (não deveria alisá-lo?, talvez se pergunte, sempre crente de que tentar ser mais bonita jamais vai torná-la feia).

O que me diz a moça? Enquanto caminha a esmo naqueles seis metros quadrados, mundo retangular que herdou de outra, branco, asséptico, iluminado. Enquanto caminha de uma parede a outra, de uma gôndola a outra, de um nada a outro, esperando, esperando, esperando (não de esperar, mas de esperança). O que me diz? Talvez que tenha uma vida de verdade fora dali, pais, irmãos, amigas, namorados, planos, sonhos; talvez que aquilo seja uma condição passageira, só por uns meses, até que termine a faculdade de psicologia, de música, de engenharia quiçá; talvez que odeie o aquário, os sapatos nas gôndolas do aquário, os clientes que não entram no aquário, o salário.

O que me diz ela, tão calada, tão sozinha, tão entediada? Encostada num balcão de mármore, fantasmagórica em sua farda branca, indo de par em par, arrumando o que já está arrumado, mexendo minuciosamente no que já é minuciosamente perfeito. Os arquitetos, ela lembra, arrumaram tudo conforme o projeto. Perfeito como o projeto. Ela pega uma escada, sobe ignorando as dificuldades do salto alto, atenta ao par de mocassins marrons deitados no topo da estante. Estão milimetricamente bem colocados, mas ela mexe um pouco. Empurra pra direita, depois pra esquerda, centraliza com base na prateleira, dá-se por satisfeita. Ficam exatamente como estavam antes.

E o que ela sente, então? O que sente a moça prisioneira do aquário? A certeza da utilidade é o que sente, como dependesse dela a existência dos sapatos bico fino, sapatênis, sandálias. Não dependem. Mas ela desce a escada quase em riso, quase, vislumbra-se um tênue, imperceptível, minúsculo ar de satisfação. Dura menos de meio segundo, decerto. E depois, guarda a escada, vem bem perto da parede de vidro, comprova que não vai entrar ninguém, volta a se encostar no balcão e mirar o nada. O nada lá fora. Que a bem da verdade é o tudo, moça do aquário, as crianças passando com algodões doces, os casais dividindo casquinhas de creme, os adolescentes trocando mensagens de celular às gargalhadas.

É a vida lá fora, moça do aquário, o tudo que aos teus olhos soam como um nada. Enquanto você aí dentro com blusas leves e largas disfarçando os pneus, com chumaços de algodão protegendo os dedos das calosidades, com um sanduíche de pão com queijo aguardando a hora do instinto, a vida lá fora.

O que me diz, moça do aquário? Talvez que seja crueldade encerrá-la diariamente por tantas horas; talvez que seja preciso alguns no aquário enquanto o resto em liberdade; talvez que entenda a dádiva alheia em relação ao próprio calvário. "Ah, e o salário". Ela remexe os cantos das unhas com as próprias unhas, suspira exausta e profundamente. Mas suspira não de desejos, não de anseios. Suspira de nada. Pois são brancas as paredes, as luzes fluorescentes, as gôndolas alvas como nuvens, ela e sua farda. O que deve aparecer são os sapatos e só, disseram os arquitetos, assim damos mais vida ao produto – ao produto, a vida; a ela, o que restar.

O que me diz? É uma coadjuvante dos sapatos. E se por ventura alguém entra – displicente auscultando as estantes, o olhar guiado pela iluminação, a cobiça maior que o saldo, o crédito, o débito, a cobiça maior que o mérito – se por ventura alguém entra, ela está invisível. Camuflada. Ausente. Precisa dizer "posso ajudar" e ser simpática; e torcer para que não respondam "estou só olhando". Pois talvez sinta, e com muitas probabilidades, talvez sinta vontade de chorar ao ouvir esta frase. Estou só olhando: pode ser isso que ela me diz. Posto que está apenas olhando. Recostada ao balcão de mármore, densa em quase não existir, misturada à luz, às paredes, às prateleiras, a moça do aquário já quase nem existe. Deveria mesmo era pegar a bolsa, acionar o alarme, lacrar o aquário, partir. Ela olha lá fora, ela ensaia um passo, ela pensa: “eu posso”. Vem, moça do aquário, vem nadar na liberdade de ser nada. E ela não se move. Talvez não me diga nada, a moça do aquário.

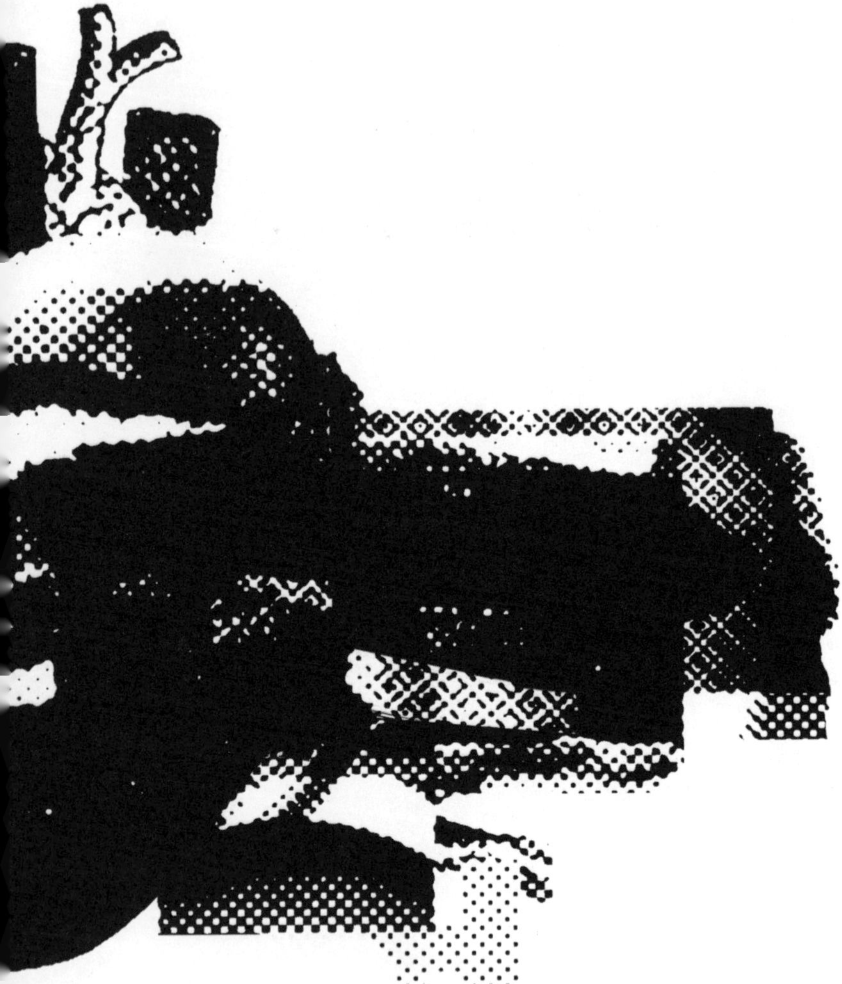

QUANDO TEUS OLHOS DESLIZARAM NOS MEUS TAL QUAL A SOMBRA DE UMA NUVEM SOBRE A MONTANHA

talvez você caiba num poema
tal qual me coube dias atrás
talvez você até me cresça
me acrescente, aquiesça

ou talvez você precise ser prosa, dessas confusas que costumo compor, dessas de frases longas às vezes sem vírgulas, que todo mundo já conhece e nem se surpreende quando lê. não sei, sinceramente, quais teus ritmos. e me esforço tão poderosamente para conseguir compor algo original, explosivo, lancinante, entorpecente, místico, quando só me saem supra-adjetivações, tudo soando de repente muito vazio, crise criativa e tudo mais, porque vivi um momento maior que todas as ficções, todos os textos, todas as tramas, vivi protagonistas-se-reencontrando-acidentalmente, vivi beijo-esperado-que-demora-pra-acontecer, vivi diálogos-poéticos-como-se-escritos-com-rebuscamento-até-de-métrica. e viver tudo isso marca demais, você nem consegue supor. teu corpo dançando numa liberdade incrível, um sorriso tão bonito quando eu disse que estava com ciúmes, um abraço de unhas cravadas como há muito não levava. por isso, não consigo te compor em letras, não consigo te encaixar num texto, não consigo ser um autor melhor do que o nobel de literatura que escreveu nossa história. não consigo

ser mais que apenas vago
ser mais que apenas isso
ser mais que desperdício
das letras que eu estrago

sou cego surdo mudo
tu olhos boca ouvidos
sou puro e tanto vício
ao notar que quase tudo

que sou está ligado de alguma forma ao que você é, consegue compreender? dá pra imaginar o peso de ver de repente toda aquela história de não-importa-porque-você-não-me-ligou-só-importa-que-estamos-aqui-agora se tornando realidade? você sabe o quanto esperei pra ouvir um afago assim? você sabe como me fazia falta não dar a mão, não dançar junto, não sentir ciúmes, não me despedir com lágrimas, não recordar com suspiros? você não sabe, eu sei que não sabe. porque agiu tudo isso de uma forma tão sincera, tão você, que não podia ser premeditado. na estrada, distanciando-me, já pensando no que escrever para marcar aqueles momentos, você me veio como um bloqueio. grande. branco. infinito. um implausível bloqueio para tudo o mais que não te fosse. como se eu montanha e você nuvem, a sombra do que nos une deslizando imperceptível, lenta, minuciosa. e todo o mais bloqueado. não sei agora, neste exato momento

se consigo ser completo
sem teus olhos me apalpando
se preciso estar liberto
do abraço dos teus sonhos

mas sei de uma coisa que nunca vou dessaber: ainda escrevo algo que represente perfeitamente a mistura de tudo que você me constrói,

um dia descrevo
esse desterro
que me corrói.

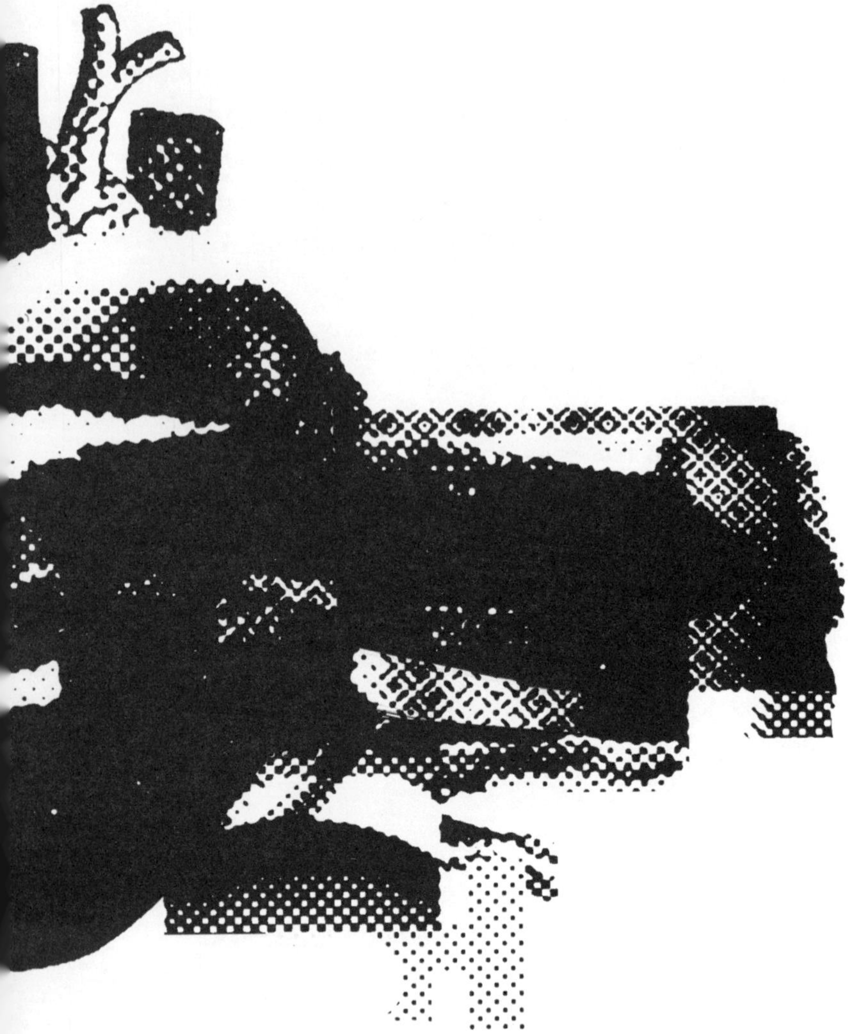

"Sem alegria na abundância alegre
Voltada ao desamparo e só
Em silêncio vagueava Cassandra"

Friedrich Schiller, em "Cassandra"

CARAMUJOS NEGROS

Sonhos premonitórios, eu expliquei. A cabeça sobre seu peito, os pelos nas reentrâncias da minha orelha, a música dos órgãos internos latejando cérebro adentro. A cena exatamente como deveria ter sido antes na minha cabeça, cópia fiel do que enxergo imersa em sono. Mas não. Nenhum registro. Momento tão sublime, a chuva na janela, a tevê num canal qualquer, cabeça, peito, pelos. E nenhum registro. Ele riu. Como qualquer cético envergonhado por não crer. E completou o que deveria ser premonição – mas não era – passando entre meus fios aqueles dedos grossos, quase gordos, das mãos não calejadas, mas vivas, cansadas, ancestrais. Você é linda, ele dizia quando não alcançava com sua racionalidade aqueles terrenos etéreos nos quais eu me jogava destemida. A velha busca de explicações que acabavam soando infantis. Você é linda. E eu sorri de volta, realmente me sentindo como um anjo que abraça um demônio e que, mesmo trocando fluidos, mesmo coabitando hálitos, mesmo descendo mais que qualquer ser celestial se permite, mantém-se incólume ao mundo, à força da matéria, à frieza do raciocínio. Fingia vergonha talvez. Escondendo os olhos para não ser tão transparente, com um enfiar de nariz entre os caracóis do busto dele para obter um bocado mais daquelas amplitudes que me oferecia, eu agradeci. A Deus, a Buda, a Afrodite. Quem quer que estivesse lá, no incompossível das esferas mais altas, ouviu estridente o meu obrigado. E continuamos daquele jeito, cena perfeita, luz azul da televisão, som abafado do temporal, mornidão que ele me entregava com o corpo maior que o meu, usina termelétrica, disparado o melhor, o mais sublime, o mais perfeito. Agradeci por ter em mim aquele que eu jamais havia previsto.

A primeira vez, não houve qualquer estalo de encontro. Foi sim algo extremamente natural. Boate, música, vodca ice. Ele fez um brinde no ar que correspondi – e então aquele papo de qual seu nome, o que faz da vida, tá aqui com quem. Sequer a beleza de uma primeira dança, boca no fosso entre o ombro e o pescoço, pudemos ter. Boate. Cada um dança do jeito que quer, braços, giros, passos. Nenhum contato. Era decerto um homem comum, pude notar. Mas se encaixava com exagerada perfeição naquele instante, a sensibilidade de adivinhar em mim uma maior vontade de dançar do que beijar: fui me entregando. E existem muitas nuances que determinam os grandes encontros, muitas outras além do fato de ter sonhado com alguém meses antes de se conhecer. Difícil aprender isto, eu tão ligada em meus devaneios noturnos que invariavelmente se confirmavam. Por exemplo – e tenho vários da grandiosidade daquele encontro – antes do primeiro beijo, já conversávamos sobre meus pais. Temas espinhosos assim separam os próximos dos distantes. Não sorrisos, não afagos, não eu-te-amos. Você realmente quer alguém quando consegue dizer minha mãe gerou setenta por cento dos meus traumas e meu pai se encarregou do resto. Com aquela beleza de máfia italiana, encostou o gargalo da vodca ice na boca sem retirar os olhos de mim. E eu? Confortável. Quisera minha boca fosse aquele gargalo.

Mais que o habitual perceber a ausência completa de premonições. Quase seis meses, se é necessário algum tipo de especificidade diante de um problema que tem sua maior qualidade no impalpável. Antes dele, a descontinuidade dos meus sonhos com a realidade seguia como sempre foi: infalível. Saber lidar com isso foi algo complicado nos primeiros anos, mas acabou se transformando numa daquelas estranhezas com as quais conseguimos conviver naturalmente. Ter sonhos premonitórios, enfim, não se faz tão bizarro num mundo de guerras biológicas, matricídios e estupros clericais. E esclareça-se: a consciência que tenho das premonições é algo extremamente sutil, uma vertigem que me indica o fato minutos antes deste efetivamente acontecer. Até então, não passa de desconfiança gerada por sonhos estranhos. Não é, portanto, um fax enviado de outros mundos. Muito mais aquele leve torpor que nos acomete diante de um *déjà vu*. Pronto, é isso: *déjà vu*. O que faz diferir um do outro é apenas a certeza de que o fato só foi vivido por mim nos sonhos. Esmiuçando, para simplificar: minhas premonições, em geral, manifestam-se minutos antes de acontecer, não tendo eu consciência, ao acordar de um sonho, se este foi premonitório ou não. A bem da verdade, anos e anos de convivência com esta característica ímpar já me gabaritam de certa experiência para, ao menos, desconfiar que um determinado sonho é mais que um sonho.

A morte da minha mãe. Quando chegou ao hospital pela enésima vez com uma urgência cardíaca, a terceira só aquele ano, eu já tinha certeza do pior. Plena e consciente. Não aquela angústia comum aos que internam parentes de que o pior é uma possibilidade plausível. Já tinha certeza que sairia do hospital com o cadáver da minha mãe, muito embora houvesse passado por aquela situação, infarto, ambulância, remoção, urgência, massagem torácica, desfibrilador, epinefrina, ela está bem de novo, enfim, muito embora já tivesse vivenciado aquele estresse inúmeras vezes e o estresse, no entanto, jamais evoluísse para uma fatalidade. Naquela era diferente, eu sabia. E não havia motivos a mais para esta iminência da tragédia a não ser um enfermeiro bonito com um cigarro apagado na boca, apoiado no extintor de incêndio do saguão de entrada, enquanto minha mãe passava numa maca. Aquela cena perfeita, a luz amarelada, os sons estridentes, o cheiro de éter misturado ao odorizador de ar, até mesmo os olhos desnicotinados do enfermeiro, prontos para matar o vício, dando mais importância ao desbloqueio da passagem para seu fumar tranquilo do que para as sirenes que avisavam que minha mãe morreria – sim, aquilo tudo exatamente como eu havia sonhado uns meses antes. Fui me conformando em meio a um mergulho bastante racional nos trâmites decorrentes de uma morte: o caixão, o velório, as flores (gostava de lírios, minha mãe, e era tão difícil encontrar lírios naquela época do ano), o atestado de óbito, a conta monstruosa de todas aquelas despesas de uma vez só, pois a morte não pode esperar, eu pensava livrando-me do burburinho da sirene lá fora, a porta automática se encerrando, o enfermeiro bonito acendendo seu cigarro, a porta da emergência se fechando atrás de mim. Meu sonho terminava aí, nesta cena, um close no meu rosto com a certeza de que minha mãe não escaparia. Não escapou. Às dezesseis e vinte e nove do dia seguinte, enterrei um cadáver já arroxeado, sombra do que era minha mãe, com a certeza de que coisas importantes realmente me vinham com aviso prévio. Sofri quase nada por saber que já sofreria. Isto abre uma discussão interessante: a dor pra mim só chega realmente a doer quando vem sem avisar. Estas previstas causam muito mais um incômodo que uma dor: antessaber me é um analgésico poderoso.

A partir dali, então, todas as grandes viradas eram previstas. Às vezes, eu conseguia interferir, evitar o pior, forçar o melhor. Às vezes não. E descobri que de todas as coisas boas e más que advêm deste dom, prever o inevitável é a pior. Mãos atadas. Apenas assistindo a um filme que já sei o final. Como com minha mãe. E bem diferente de agora, encostada no peito dele, a chuva ainda persiste, uma cena perfeitamente previsível e, no entanto, jamais prevista. Minutos atrás, me questionei pela primeira vez: como alguém foi crescendo tanto dentro de mim a ponto de me jogar completamente indefesa numa paixão tão forte, sem que jamais eu tivesse obtido nenhum sinal de que isto aconteceria? Foi quando suspirei ah, eu deveria ter te previsto. E ele, inegável racional que é, encarou meus olhos daquele jeito morno como quem interroga o verdadeiro sentido de uma sentença. A obviedade de que algo muito grande estava para acontecer era impressionante. E me irritava não saber. Falei assim por alto pra ele, algo como é estranho você ter se tornado tão importante sem que eu jamais tivesse previsto. E não expliquei pra ele, mas todos os namorados anteriores – os importantes, claro – de algum jeito foram previstos. Cláudio e seus lábios doces e seus olhos amendoados e seus cabelos que desciam pela testa em mínimos caracóis. André e aquele sorriso de soluço, algo infantil, algo maroto, aquele sorriso branco que fazia qualquer vicissitude perder a força. Gilberto e as olheiras profundas mesmo quando dormia bem, a voz grave de travesseiro mesmo sem ser logo após acordar, o jeito grosseiro mas delicado de pegar-me as ancas. Todos eles foram previstos. Alguns com total exatidão – André me apareceu em sonhos exatamente como surgiu após alguns meses no palpável das coisas: o carro enguiçado em frente à minha casa, a campainha, eu de avental, a porta abre, ele sorri aquele riso alvo e pede um copo d'água e não mais que duas semanas para estarmos juntos –; outros com certa dose de interpretação – passei dias e mais dias sonhando com um caramujo negro que ia diminuindo, diminuindo, diminuindo até se transformar num fio de cabelo, e só quando esbarrei com Cláudio na entrada do prédio em que trabalho, e nos sorrimos, e ele fez questão de recolher minhas coisas no chão e me acompanhar até o elevador, foi que tive a certeza do significado daquele sonho bizarro. Caramujos negros. Pois é, as premonições funcionam mais ou menos assim. E como dizer isto para meu amado de pelos no peito e corpo quente? Como explicar que ele deveria estar presente em minhas viagens noturnas pelo mundo da surrealidade desde sempre? Como poder racionalizar a seguinte frase?: meu amor, meu amor, você me tomou em suas teias de uma forma tão delicada e agora estou completamente soterrada por este meu sentir por você e é tudo tão imprevisto que minhas pernas tremem só de imaginar que pode ser apenas ilusão, que é inconcebível viver algo assim tão grande sem que nenhum aviso me tenha vindo em sonhos.

O olhar interrogativo continua. E então, já envergonhada, emendo uma explicação nada convincente, digo que meu amor, às vezes pode acontecer de eu ter sonhos que se realizam, mas não assim como acontece no mundo dos negócios – sonhos que são metas e que buscamos formas de viabilizá-los – não, às vezes meus sonhos se realizam de uma forma totalmente livre, como se eu tivesse acesso ao futuro antes deste futuro existir, e sei que meu raciocínio faz parecer que acredito que futuro, passado e presente existem todos ao mesmo tempo, um ao lado do outro, sendo possível então dar um pulinho ali na frente e voltar ao momento de agora sem que nenhuma lei da física seja quebrada, eu sei, meio louco tudo isso, mas é assim que funciona comigo, e foi difícil também para mim aprender a conviver com estes sobressaltos no espaço-tempo, se é que posso chamar assim para simplificar, se bem que não, porque sobressalto no espaço-tempo dá a impressão de que eu toda, em carne e osso, vou ali no futuro e volto, quando na verdade é só meu espírito, ou minha alma, minha cabeça, bom, enfim, vamos chamar de essência, e é ela que vai, em sonhos, ali na frente, conferir as coisas que me acontecerão, para depois voltar e me contar e me fazer acordar com uma sensação esquisita de que não dormi e sim passei a noite inteira numa atividade frenética de busca de fatos do meu futuro. E antes que eu possa apresentar o real dilema que o envolve, o motivo verdadeiro de me expor tão frágil assim, explicar que não me sinto totalmente confortável em mergulhar naquela história por não tê-la previsto, que isso me dá um medo inumano de estar investindo em algo que não vale a pena, ele fala: quer casar comigo? Mais um imprevisto momento.

Posso exemplificar a real confusão do meu momento entre sim e não com a breve história de Caio. Amoroso, gentil, rico, bom de cama. Mas. É que sempre existe um mas. E o de Caio era que eu simplesmente não conseguia me apaixonar por ele. Perfeitinho demais. Os dentes todos alinhados, alvos, irrepreensivelmente lindos. Barba sempre feita, cabelo sempre cheiroso. Músculos, mãos, voz: cada um desses pequenos detalhes formando uma obra-prima. Além disso – para não levar acusação de que me ligo estritamente nas características físicas, quando estas, a bem da verdade, só não importam às mulheres se nos sentimos incapacitadas de conseguir algo melhor neste sentido – além disso, cordial, atencioso, romântico, educado. Posso despejar todos os verbetes que se encaixam na categoria de adjetivos que exprimem boas qualidades e ainda assim, sem exageros, por mais que aparente ser um, ainda assim vai faltar enumerar algo de bom que pertencia a Caio. Mas. Bom, é isso, não bateu. A gente ficou junto por quase um ano e eu sempre naquela situação muito conhecida da maioria das mulheres: vou ficando até que apareça algo melhor. Não apareceu (bater Caio neste quesito era realmente complicado). Até que um dia ele me pediu em casamento. Não havia por que dizer não. E nestas horas, coisas incrivelmente ridículas passam por nossas cabeças. A que passou pela minha foi: mas ele nunca apareceu em sonho algum meu. Sem titubeios, respondi não. Contando assim, faz parecer que agi apenas pelo fato de nunca haver previsto Caio. Não foi. Outros inúmeros pequenos fatores contribuíram para o não. Mas a imprevisibilidade daquele momento foi uma espécie de gota d'água. Porque aprendi a não embarcar em histórias nas quais não tenho certeza. Como? As histórias de Caio vieram à tona alguns dias depois que acabamos. Traições, ex-namoradas agredidas, até mesmo um nublado e nunca solucionado caso de estupro. Afinal, Caio não era tão perfeito assim.

O que me veio na memória foram todas aquelas coisas idiotas de quem está apaixonado. Aquela babaquice de andar de mãos dadas aos beijos, todo mundo vendo tamanha felicidade, a gente em dúvida entre tomar sorvete ou assistir um filme, então por que não assistir um filme tomando sorvete?; aquela coisa ridícula de se beijar no meio da madrugada, os dois ainda dormindo, nada impede de iniciar agora mesmo um pouco de amor, que as três da manhã seja a hora dos nossos corpos; aquela imbecilidade toda de combinar finais de semana na praia, de receber flores mensalmente no aniversário de namoro, de sair do trabalho e se encontrar para um café e ter alguém para quem posso contar as mais absolutas trivialidades do meu dia. Toda essa palermice gostosa de viver. Tudo na minha memória enquanto não tenho sim nem não para dizer ao meu amado.

O episódio de Caio é apenas um emblema dessa confusão toda. Porque no fundo a gente nunca sabe se realmente vale a pena. Com os outros que foram previstos, por exemplo, que me deram segurança para investir, como posso provar que deu certo? Aliás, o que é realmente dar certo? Cláudio, Gilberto, André: todos eles viraram ex. E foram previstos e devia ter dado certo e, enfim, o que me impede de dar um sim e pagar pra ver?

É exatamente isso: pagar pra ver. Previstos ou não, sempre entrei nos relacionamentos sabendo exatamente até onde ir. É um conforto que qualquer pessoa pagaria para ter. Porque amar é sempre uma grande dúvida. Quanto o outro te ama, até onde ele iria por você, será que vale a pena deixar isso ou aquilo por ele, amo mesmo ou é só carência, eu aguentaria passar o resto da minha vida com ele. São dúvidas, apesar da ausência de ponto de interrogação. E grafo assim, sem interrogação, simplesmente porque são dúvidas para todo o sempre encerradas dentro de mim. Nunca precisei me questionar. Um caramujo negro e pronto: já sei que Cláudio vale a pena. Deu certo ou não deu? Bom, passamos excelentes momentos juntos, até que um dia não dava mais certo. E sem lágrimas, dramas, chocolates para amenizar os sofrimentos, sem estas coisas doídas de todo fim, a gente se separou. E como aconteceu com minha mãe: a dor foi quase nada por eu já saber que ocorreria. André, Gilberto, Caio: todos previstos ao entrar e ao sair. Segui minha vida protegida, de certa forma, do que todos os outros enfrentam com uma naturalidade inumana. Agora, deixar alguém imprevisto entrar na minha vida é como abrir mão dessa segurança. Lançar-me no imprevisível desse amor do qual não sei o amanhã.

Sinto o peso dos olhos dele sobre os meus e o tempo correndo acelerado e essa hora de optar sem ter conhecimento prévio das respostas. E então, aceita? É ele, diante de mim, perfeito à luz da tevê, ao som do temporal, à temperatura de nossos corpos nus sob o lençol, cobrando de mim uma atitude que eu não consigo tomar.

Sorrio para ele e no tempo deste sorriso espremo minha cabeça para lembrar se realmente não previ aquilo tudo. Afinal, diante de tantos sonhos, pelo menos um a cada noite, nada difícil esquecer. Mesmo com todas as indicações de que era premonitório, nada difícil esquecer. E se esqueci, enfim, não lembro. Volto do sorriso consternada. Ele está sentado, desvencilhado do meu corpo, braços cruzados, agredido pela minha dúvida, pronto para a guerra santa. E eu à espera de uma confirmação, de um algo que me diga se compensa viver aquela dúvida, caramujos negros que me deem a certeza. Não vêm. Então, decido: eu me jogarei completa nos braços dele. Passarei o resto da vida dizendo sim. E que o medo de viver o imprevisível não mais me impeça de efetivamente viver. E que a dor que por ventura eu encontre não pese mais em minhas memórias que a felicidade de uma noite de chuva a dois. E que ele continue assim, totalmente imprevisto, sem que eu jamais possa cansar dos seus passos que não sei pra onde vão, de seu riso que pode surgir a qualquer momento, de seu humor que pode ser ácido hoje e árido amanhã, de suas atitudes mínimas e exaustivamente repetidas, mas que me serão imprevistas e por isso sempre novas e por isso nunca irritantes, morosas, inamáveis. Digo sim. E acordo.

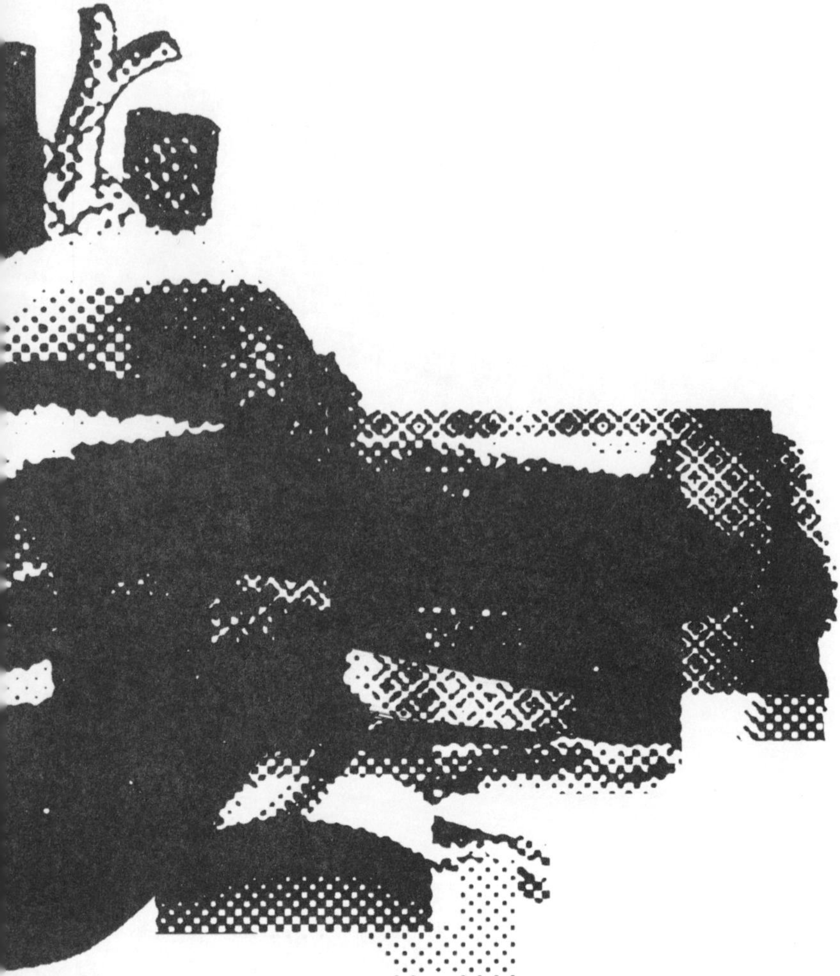

EM OUTRA DATA, EM OUTRO LOCAL, EM OUTRA OCASIÃO

Juliana arremessou o vaso sem mira, mas com raiva – e toda mulher sabe que o sentimento é mais importante que o cálculo. A porcelana, entretanto, estourou na parede a poucos centímetros do rosto de Alberto, que acabara de dizer "Eu estava bêbado, meu amor, não sabia o que estava fazendo". O silêncio da madrugada gelada foi cortado pelos palavrões que ela vociferou, enquanto os cacos circundavam os pés dele exatamente como ocorreu quando em outra data, em outro local, em outra ocasião, Juliana deixou que a taça de champanhe escapasse dos seus dedos trêmulos e se estilhaçasse aos pés de Alberto sob a luz solar das três da tarde. Os convidados riram do deslize da noiva, e riram mais quando o noivo deu um pulo desajeitado e riram mais ainda quando o juiz comentou jocosamente que os noivos só poderiam dar vexame após a troca das alianças.

Alberto implorou pelo perdão de Juliana depois que os cacos do vaso desabaram pelo chão quase ao mesmo tempo em que as lágrimas desabavam por seus rostos. Primeiro se desculpou pela frase infeliz, depois pediu que ela desse mais uma chance, em seguida tentou se aproximar. Juliana se afastou de Alberto em passos decididos, dizendo que nunca mais deixaria que ele a tocasse. E como percebeu que sua frase não surtiria efeito, e como Alberto continuava se aproximando, e como as lágrimas turvavam a visão mas o ódio cegava ainda mais, puxou com uma força que não conhecia a cortina da sala. O voil despencou da haste e dançou delicadamente no espaço entre eles exatamente como ocorreu quando em outra data, em outro local, em outra ocasião, o tule do véu deslizou sobre os cabelos de Juliana enquanto Alberto esperava nervoso sob a tenda armada no jardim. Juliana sorriu para o espelho, iluminada pelo sol que invadia o quarto da fazenda, ao mesmo tempo em que Alberto enfiava as mãos nos bolsos da calça de algodão cru — o suor brotando na testa com a fúria das três da tarde, os convidados de roupas claras ansiosos pela chegada da noiva, a banda pronta para a marcha nupcial.

Juliana estava preparada para destruir o apartamento inteiro, contanto que isso impedisse as desculpas de Alberto. O amor lhes doía em todos os ossos do corpo – talvez por seu fim, talvez pela teimosia em não acabar – enquanto seus olhares colidiam exatamente como ocorreu quando em outra data, em outro local, em outra ocasião, seus olhos se encontraram diante do altar montado no jardim da fazenda. Alberto pôs suavemente a aliança no anelar da noiva, recitando – como prometera – um poema de Vinicius. Juliana parou de se importar com o rímel e deixou que a emoção se liquefizesse ouvindo "De tudo ao meu amor serei atento, antes e com tal zelo e sempre e tanto" exatamente como ocorreu quando em outra data, em outro local, em outra ocasião, o choro se fez mais forte, o vaso explodiu na parede, a cortina despencou pelo ar e ela berrou com a força que a desilusão dá às palavras mais torpes: "Eu nunca mais quero olhar pra você".

Alberto e Juliana estavam lindos naquela tarde. Foram beijados, abraçados, fotografados, filmados. Ele dançou com a liberdade dos felizes, ela jogou o buquê para as amigas, ele brindou uísque e depois champanhe e depois mais uísque, ela chorou e sorriu ao mesmo tempo quando a banda tocou aquela música, ele subiu no palco para se declarar, ela subiu em seguida para agradecer, os dois se beijaram com a erupção que o amor em carne viva provoca nos corpos despreparados. Exatamente como ocorreu quando em outra data, em outro local, em outra ocasião, Alberto ignorou os avisos, deixou de temer vasos arremessados e cortinas destroçadas, retirou do bolso uma caixa de veludo e berrou: "Me perdoe e case comigo, Juliana". Um ano depois, a cerimônia aconteceu sob o sol das três da tarde. E o amor seguiu seu rumo: às vezes sangrando, às vezes sagrado.

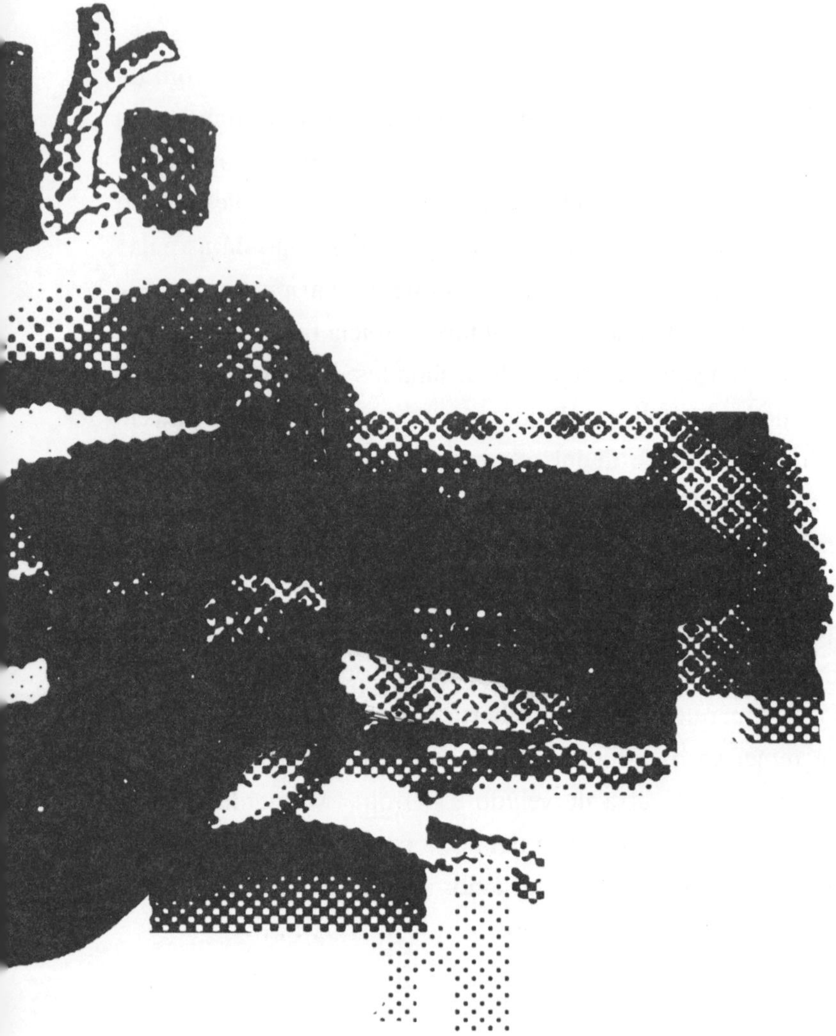

ROSA MOSQUETA

Aurélia começou com o sabonete. Separando o de mel com rosa mosqueta do phebo marrom. O primeiro, no apoio de alumínio abaixo da torneira do chuveiro. O segundo, numa saboneteira. Sobre o box. Tristemente exposto ao sol que vazava em lasers através da janela. Levou cerca de quinze dias para perceber que daquela pequena atitude cotidiana extraía certo prazer. Seixas sofria de acentuado grau de artrose no ombro. O banho, no conta-gotas dos dias, virava sinônimo de dor. Parou de usar o sabonete. À noite, recendia na cama fria o cheiro de quem não tem mel com rosa mosqueta na pele. Ela se incomodava. Ele silêncio, vez em quando um ressonar à la relincho. Ela se incomodava. Aprendeu, pois, que a vida é assim: os prazeres, até mesmo os pequeninos, não podem ser sentidos impunemente. Dor e riso se intercalavam nas noites de rosnados cadavéricos e odor de tez desensaboada.

Depois foram os ovos. Passaram a ser muito cozidos. Extremamente cozidos. Extenuantemente, ela pensava, encarando como a uma fera as bolhas gordas que subiam da base de teflon para estourarem-se na atmosfera da panela. Seixas sentado, amassando seus miolos de pão, tão mudo em meio ao vapor do caldeirão de Aurélia. Ela virava-se sorrindo e pousava, um a um, os sete ovos que passou a servir como desjejum. As cascas amareladas encerrando um algo vivo, certeza absoluta que havia um ser ali, aquilo que foi um ovo e cozido até o limite virava grandes testículos com varizes. Ele comia. Resignadamente. As gemas sem vida, exalando o mais puro do seu nitrato, vida em putrefação. Aurélia tinha prazer. Porque sentia o calor daquele inabitado desfazendo-se na língua de Seixas, e sentia pelo cheiro metade do sabor da iguaria, e sentia nos olhos lacrimejantes e na boca trêmula do marido o ensaio da vingança: apenas ensaio. Seixas terminava seu café e todo aquele fedor ingerido já era fedor expelido. Erguia-se na dificuldade de sempre e parecia por causa da força que fazia – muito embora ela soubesse a culpa dos ovos. Gás de gente morta.

Seixas, no entanto, estava vivo. Ao longo do dia, arrastando-se da sala pra cozinha, da cozinha pro banheiro, do banheiro para a sala, estava vivo. Sem muito entender o porquê, Aurélia via-se presa naquela desvida, cuidando, cuidando, cuidando, o prazer resumido àquilo: sabonetes, ovos, fome.

Pois numa quarta de muito calor, decidiu naquela casa não mais servir almoço. Sentou-se em frente à tevê e assistiu o entrar do jornal vespertino sobre a programação matinal. Seixas da sala pra cozinha, da cozinha pro banheiro, do banheiro pra sala. Ela sorriu. Coincidiu com o início da novela e com uma cena cômica e até mesmo com a gargalhada que ecoou na casa da vizinha, sintonizadas todas no mesmo canal. Mas ela sorriu. Prazer, prazer, prazer.

No pagamento de setembro, resolveu fazer diferente. Acordou cedo, tomou seu banho longo, repôs o phebo marrom sobre o box adivinhando as tentativas risíveis do marido de alcançar o sabonete, serviu-se de pão manteiga café enquanto os setes ovos cozinhavam, colocou um vestido leve, volumoso, verde. Quando Seixas acordou, estava trancado no quarto ao lado de uma tigela de ovos cozidos.

Aurélia foi pela primeira vez a um shopping.

Vitrines, sorrisos, solicitudes. Sentia-se viva. Comeu pretzels numa estreia hilária (queimou a língua, deixou cair canela e açúcar no vestido, derrubou o copo de refrigerante com o susto). Estava feliz e não comparava o sabor daquela tarde ao dos ovos deixados para Seixas. Desfilou pelos corredores amplos como uma deusa. Passos leves, pescoço rijo, gargalhadas por dentro. Havia vida além daquilo, surpreendia-se, havia vida além das cuecas lanhadas de excremento, da pia do banheiro manchada de sangue, dos círculos de saliva nos lençóis. Uma vida pulsante e divertida na qual ela, pagamento do marido na bolsa, se inseria. Comprou um par de sapatos, um batom metalizado, uma blusa de viscose. E na volta pra casa, extravagância das extravagâncias, apanhou um táxi.

Eram cinco da tarde e Seixas estava desacordado. Ainda dois ovos na tigela, cheiro de podridão humana abafada, as pernas retorcidas e a mão em direção à bengala, como quem tenta levantar em busca do oxigênio da liberdade e cai apneico numa agonia de fome sede dor. Aurélia não sorriu, mas só porque se conteve. Usou o phebo para lavar a boca do marido antes de levá-lo ao hospital. Não porque queria livrá-lo do constrangimento da saliva petrificada que saía da fenda da boca até se expandir pelo queixo; mas sim porque não aguentaria olhar por mais tempo.

Sem investigar a maldade de seus prazeres, sem pensar nas consequências de seu egoísmo, sem se importar até onde a dor que infligira ao próximo se voltaria cedo ou tarde contra si, Seixas foi carregado sem sentidos ao hospital.

Os médicos informaram apenas duas coisas: quadro instável e poucas esperanças. De sapatos novos, Aurélia esperou mais de uma hora e meia na recepção do hospital público. Tinha vontade de pretzels e lembrava quase com delírios da massa insossa desfazendo-se na língua entre açúcares e canelas. Esperou mergulhada nas recordações de cada morder, cada mastigar, cada engolir daquela tarde de total liberdade. O médico disse que podia entrar.

Um pequeno canudo transparente saía da boca até um aparelho. Sonda gástrica, algo assim. Havia também outro desses canudos conectando uma veia do braço esquerdo ao soro estrategicamente colocado no alto de um pedestal. Tudo branco como num sonho. Um sonho bom no qual o marido morria. O cheiro do quarto era de acetona e ela lembrou instantaneamente que precisava fazer as unhas, recuperar mais aquele naco de feminilidade, talvez fizesse até uma limpeza de pele. Seixas estava desacordado.

Oh, meu marido, como faço para me redimir desse rancor que virou nosso sentir depois de tantos anos?, ela queria dizer. Ou deveria. Mas não disse. Ultrafocada nos novos afazeres que surgiam com a liberdade da vida que se extinguia numa cama branca, Aurélia só conseguia pensar em novas amigas, chás com biscoitos, visitas às primas em Campos do Jordão. Talvez até mesmo uma mudança de lar, da casa grande de agora para um apartamento menor, perto do centro, charmoso e prático como sua nova vida. Seixas gemeu. Atirada de súbito àquele prazer imprevisto, ela sorriu timidamente. E uma lágrima avulsa, de incontido regozijo, brincou de pular de um dos olhos à maçã.

Estou livre, meu amado Seixas, livre desse amor-prisão no qual nos acostumamos a viver por tão longos quarenta anos, repetia em sua mente enquanto tomava banho. O shopping só fechava às dez, ela sabia, e pensava que talvez até desse tempo de ir ao cabeleireiro dar um jeito nas mechas brancas. Estou livre, exultava enquanto descia-lhe pelo corpo velho a água morna da redenção, totalmente livre das noites em que você chegou bêbado e eu tive que mergulhar em gemadas, de ter que acordar mais cedo que você para preparar o café, de aguentar essa coisa meio mole dentro de mim, meu amado Seixas, você ignorou por quarenta anos mas agora dá vontade de contar que nossos filhos foram todos frutos de um prazer teu com uma dor minha.

Aurélia se concentrou nas novas perspectivas, no tempo que recuperaria, na possibilidade até de arranjar um namorado. Ora bolas, claro que sim, por que não? Viu na tevê várias vezes que isso pode acontecer. E não nas novelas açucaradas de seus fins de tarde; eram jornalísticos em que senhoras até mais acabadas reencontravam o amor nas mãos de outro. Viúva, sorriu sob o chuveiro enquanto o cheiro de rosa mosqueta com mel recendia no vapor da ducha quente, viúva de Seixas, ela gargalhou, jamais pensei que viúva pudesse significar liberta, gargalhava, liberta, cada vez mais tomada por uma alegria ilimitada diante da iminente morte do marido. Liberdade é o que desejei por todos esses séculos que foram os últimos quarenta anos, pensava. Curvou-se num relincho sobre-humano. Dor e prazer. Enfartou.

Seixas retornou para casa cinco dias depois. Recuperação milagrosa, nenhum médico botava mais fé, seu nome já figurava nas listas de transplantes. Encontrou desolação. Os filhos se encarregaram de se despedir de Aurélia com todas as etapas que exigem a Igreja. Ele foi poupado. Em casa, sozinho, vazio ecoando pelas paredes caiadas, descobriu que faltava algo. Sentou-se no sofá da sala, foi para a cozinha tomar água, voltou pelo banheiro com uma curiosidade sem explicação. Encontrou naquele cômodo o cheiro que devia ter no dia fatal: mel com rosa mosqueta. E seu phebo marrom caído próximo ao ralo. Como adquirindo acesso a uma lembrança que não era sua, assistiu quadro a quadro a cena de Aurélia despencando desnuda sobre o box. Quase ouviu sua garga-lhada final.

Com o odor da esposa entranhado nas narinas, apanhou o phebo no chão e recolocou na saboneteira sobre o box. O ombro acusou a artrose. Mas a dor fazia lembrar.

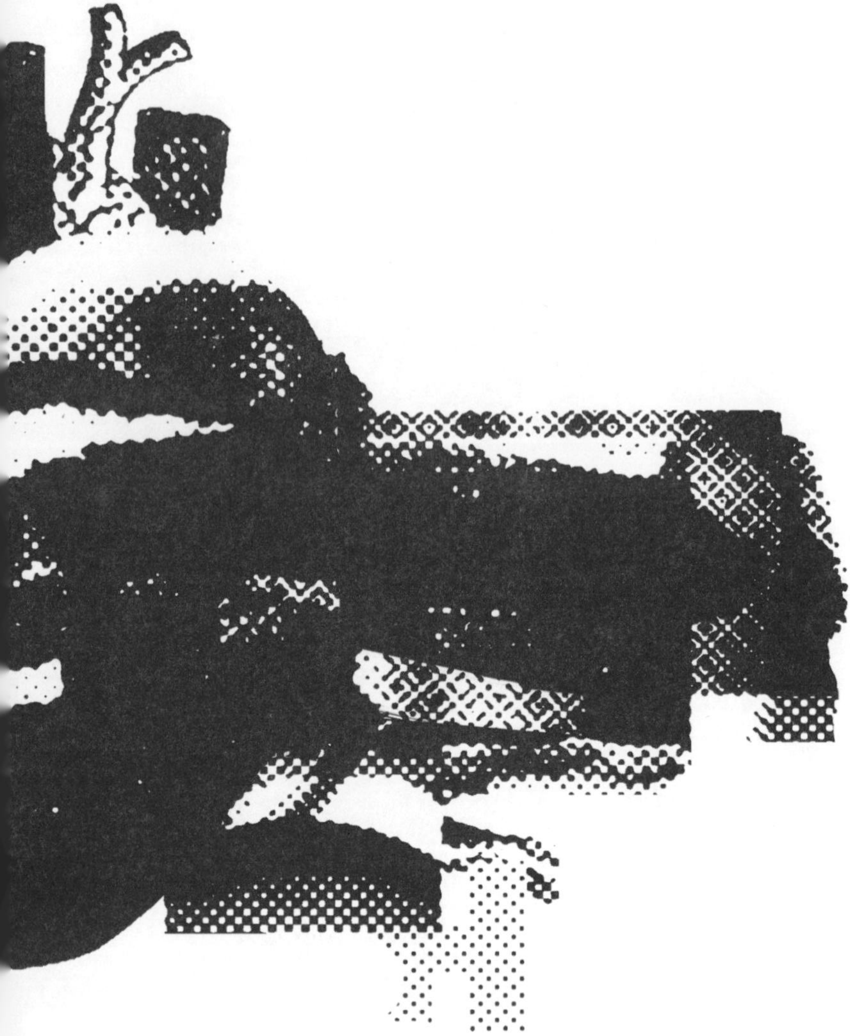

PORCAS PARAFUSOS REJUNTES

Estava encostado na pia da cozinha olhando fixamente a parede de azulejos brancos – um pouco encardidos – e pensava justamente qual tipo de produto mágico teria o poder de limpar aquelas manchas amareladas dos cantos dos azulejos que eram iguais às pequenas manchas amareladas que o tabaco lhe presenteara no canto dos dentes. A chuva podia ser ouvida através dos basculantes da porta da cozinha e também ouvia nitidamente o ranger dos parafusos da cama de metal que vazava por baixo da porta do quarto, sinais de que a vida habitando ali dentro ainda fritava no colchão em busca de sono enquanto ele seguia olhando fixamente os azulejos branco-amarelados como seus dentes que, como os parafusos frouxos da cama do quarto, rangiam sem que ele pudesse dar-se conta, frouxos que estavam seus parafusos, os da cama e também o de alguém muito louco que teve a genial ideia de colocar azulejos brancos numa cozinha – posto que as frituras, os cozidos e os assados dotavam estes gradativamente de uma coloração amarelada de gordura (ou de tabaco, no caso dos dentes, pensava, ao mesmo tempo percebendo que também havia um parafuso frouxo na mente que concebeu dentes brancos, posto que as frituras, os cozidos, os assados, e também o tabaco, lhes dotavam deste aspecto branco-amarelado semelhante a uma carta velha que se perde no desvão da memória). Uma carta velha. Jamais havia parado pra pensar como se assemelhavam a cartas velhas aqueles azulejos que já não cintilavam à luz fluorescente da cozinha, como pareciam contar notícias de frituras, assados, cozidos e tabacos do passado, o amarelo entranhado entre os rejuntes relembrando a todos as coronárias entupidas, os dentes amarelados, a perda de vida. De repente a chuva estava mais grossa, mas não conseguia abafar o ranger irritante dos parafusos frouxos – e também das porcas, pois costumamos culpar somente os parafusos, quando é sabido que nunca se afrouxam sozinhos. De fato, algo estava frouxo. Entre os rejuntes daquilo que soçobrava no ar entre a vida encostada à pia da cozinha e a vida fritando na cama de porcas frouxas: algo estava solto. Como uma carta que fala de coisas lindas e antigas, sim, uma carta velha e amarelada que adquire outro sentido depois de alguns anos. Havia algo solto entre as frases belicosas que tropeçavam dentes amarelos afora, caíam como azulejos no chão e saíam cortando tudo. Havia algo solto quando se deitavam na cama de ranger ininterrupto e se diziam boa noite. Havia algo solto, um parafuso, uma porca, estavam ambos desenroscados um do outro. Ou desenroscando-se. Pois o bolor que persistia na parede branca de alguma maneira fazia que os azulejos soassem como um só: o mesmo bolor dessas cartas antigas que muda seu significado mas, sem que percebamos, mantém nelas algum significado. Qualquer que seja. Afinal, que significam esses momentos em que penetramos no mais íntimo do todo e notamos que cada ínfima parte produz um equilíbrio sutil para soar, então, como um todo? O que significa, afinal, o significado das coisas? Era o que se perguntava ainda com os olhos nos azulejos, ainda com os ouvidos no ranger da cama, ainda com algumas palavras cravadas no peito como... cacos de azulejo?... pedaços de dentes?... gorduras amarelas? Estava entalado. Por dentro, por fora, estava entalado das palavras que ouviu, das palavras que não disse, das palavras que não conseguia entender o significado. Que significa pessimicerteza? Pois era o que sentia. A pessimicerteza de que os azulejos estavam pontiagudos, os dentes estavam tortos, as cartas estavam tão amareladas – mas tão amareladas – que já não se podia ler seus códigos. Um a um, frituras, assados, cozidos, todos foram perdendo o sabor de domingo. Era uma segunda chuvosa. Mas enfim: era uma segunda chuvosa. Pois já passava da meia-noite, pois a chuva caía implacável, pois seus sentimentos estavam todos focados em uma única coisa: conseguir um produto de limpeza mágico que conseguisse tirar a sujeira entranhada entre os azulejos. Sabia que o rejunte não iria aguentar tanta merda.

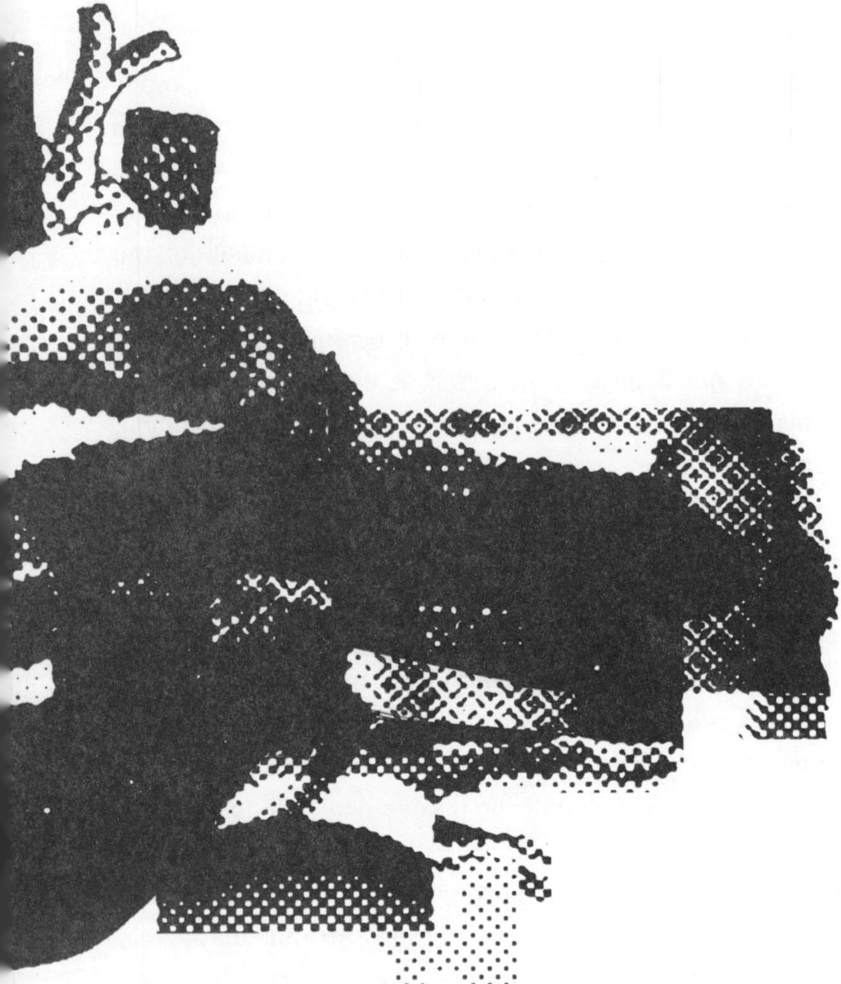

"Words are very unnecessary
They can only do harm"

Depeche Mode, Enjoy the silence

O SOL E A SÍLFIDE

Para T.R.

A gente devia conversar. Desiste desse telefone, esquece o MSN, ao inferno com o Orkut. Eu não vou te mandar e-mails, nem missivas, muito menos sinais de fumaça. A gente devia conversar como era antes: cara a cara, olho no olho, verdade após verdade. A gente devia falar sobre aquele sábado em que ficamos na varanda até oito da manhã e faltou energia e pegamos uma lanterna e tentamos nos comunicar com alguém do prédio ao lado que também levava uma lanterna. Lembra como foi engraçado? Lembra como éramos engraçados?

Não me liga, tá? Vem até aqui, me dá um abraço com gosto de recomeço, diz assim daquele teu jeitinho: a gente não vale um ponto do Bomclube. E vamos, sei lá, encher a cara de vinho, chorar por algum trauma de infância, dizer que ano que vem vai ser melhor. Isso funcionava antes, lembra? A gente planejava o ano que vem durante o ano inteiro. O ano que vem era sempre a mesma coisa, mas batia uma sensação maravilhosa de que estava sendo melhor. Vamos pular ondinhas juntos à zero hora do dia 31 e depois eu deixo você desmaiar de sono pra eu te carregar até o carro.

Não, para com isso, não tem porque pedir desculpas. Que frescura é essa agora? O que você devia fazer, isso sim, era contar uma daquelas tuas piadas. Daquelas que todo mundo já sabe o final mas é inevitável rir. É que você tem o dom do sorriso. Não se engane, sorrir hoje em dia é um dom. Evita que a gente sangre.

Lembra que falávamos mal de todo mundo, mas ficávamos putos quando sabíamos que alguém falou mal de nós? Lembra que na tua casa tinha sempre Gatorade pra quando eu acordasse de ressaca? Lembra quando a gente só via beleza um no outro? Pois bem, façamos um trato. Volta a sorrir da minha sinceridade grosseira e da minha arrogância disfarçada de humildade que eu volto a sorrir do teu jeito de adolescente carente e das tuas manias mil. Vai, vamos admitir nossos pecados, no fim das contas nem mais importa quem tinha razão. Nunca fomos santos.

A gente devia mesmo era deixar de coisa pequena, sabe? Nunca combinou com nossa luz. Lembra que a gente tinha luz? A gente chegava num canto e todo mundo nos olhava. Lembra o dia que vomitei todo teu carro, te custou uma nota a lavagem, você teve que me carregar até o quarto num estado deplorável? Lembra que isso virou uma piada deliciosa de contar? O que nos aconteceu que não transformamos mais esse tipo de coisa em piada?

Eu queria te ver frágil de novo, daquele jeito que você ficava, que parecia caber na minha mão. Eu queria um momento insólito.

Tem tanta coisa pra te contar. Tanta coisa. Agora eu arrumo a cama quando acordo. Juro por Deus. E aprendi a fazer arroz, carne moída, salada. É sério. Eu tô usando barba, ando meio desgostoso com o tal do cavanhaque. E tenho pensado seriamente em não usar mais brinco. Se você viesse tomar um vinho comigo, agora, nesse exato momento, eu te contaria mais. Dos meus medos, do meu coração, das orações que faço antes de dormir. Acredita que eu conheci uma mulher com mais de trinta anos que nunca pintou o cabelo? Ai, queria tanto que você me preparasse uma caneca de leite com Ovomaltine.

A gente precisa mesmo sabe de quê? Voltar a ser aqueles grandessíssimos idiotas que todo mundo odiava. Aqueles que faziam piada com tudo. Que riam descontroladamente sem conseguir terminar a frase. Que chegavam na balada às duas da manhã como se fosse absolutamente normal passar cinco horas se arrumando pra dar uma volta no sábado à noite. Essa coisa de virar adulto não nos fez bem.

Coça as minhas costas. Deixa na MTV. Me dá uma carona. Dança comigo. Acende meu cigarro. Troca esse CD. Me deixa usar verbos imperativos contigo, porque eu lembro que você achava bonita essa minha mania de dar ordens. Você via tanta inocência e ao mesmo tempo charme nesse meu jeito torto de ser, falando sem parar de filmes, livros, gibis, novelas, contos, banalidades. Você adorava quando eu não usava vírgulas.

Você ainda dorme ocupando apenas um cantinho mínimo da cama? Porque eu ainda durmo ocupando a cama inteira.

Sabe o que eu vou fazer agora? Colocar Madonna bem alto e dançar sozinho pela sala. Mas vai ser como se estivesse dançando com você. Eu vou segurar na tua cintura, a gente vai rebolar até lá embaixo, deixar todo mundo chocado. E então eu vou fazer você girar nessa pista, abrir uma clareira no meio da multidão, só vamos parar quando todos não conseguirem mais tirar os olhos de nós. E quando a música acabar, sabe o que vai acontecer? Vamos sair da pista como se fosse totalmente natural dançar assim na vida.

A gente devia conversar. Mas não sobre as vezes em que nos desentendemos. Foram tão poucas, pra que voltar ao assunto? A gente devia falar mesmo sobre como é extraordinário o fato de nos comunicarmos com os olhos, como é sensacional termos o mesmo hábito de dormir com um copo d'água ao lado, como é incrível que duas pessoas tão completamente diferentes sejam viciadas em profiteroles. A gente devia falar sabe do quê? Da nossa grandeza. Ia ser assunto pra mais de uma semana.

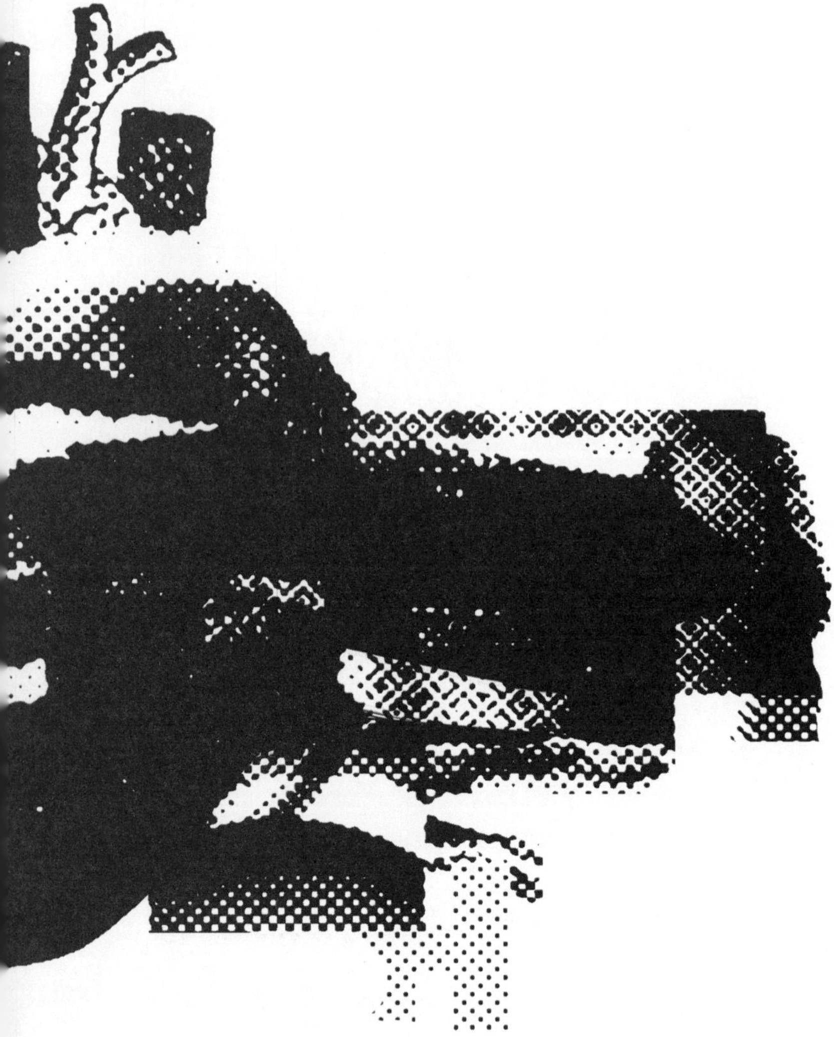

DIVA

Para Juju Dourado

Após tão delicadamente servir-se de batom e rímel, passava exatos cinco minutos se olhando no espelho. O momento mais feliz do seu dia, que começava sempre às sete e trinta da manhã ao som de um pop qualquer tocado na FM que seu rádio-relógio sintonizava automaticamente no horário marcado. Depois do tempo de contemplação, a frase (o mantra, o lema, o karma): Pintei-me para a guerra. Pois eram assim os dias que Diva enfrentava – perceba: enfrentava os dias, não os vivia, e há nesta pequena alteração de verbo uma força de significado muito maior que a mera substituição de vocábulos por seus sinônimos a fim de evitar a repetição desnecessária. Enfrentava os dias. Desde a porta de sua pequena casa na zona baixa da cidade, esbarrando nos olhares das senhoras que varriam suas calçadas e, se não se sentiam, pareciam se sentir possuidoras de uma verdade universal que estabelecia padrões de comportamento dos quais, sinceramente, Diva passava à tangente; até o ônibus com seus indefectíveis estudantes piadistas, um silêncio que se estabelecia sempre à sua entrada – como pausa dramática, caindo frouxa por todos os bancos, aquele nada que precede as explosões – e logo mais algum deles cortava o ar com suas piadas em si maior, realmente uma explosão – de risadas, de chacotas, de barulhos que mortificavam o peito. Diva fingia não ouvir. Colocava os óculos escuros, jogava os cachos para trás, erguia a cabeça. E o que deveria ser ódio aos poucos ia se transformando em piedade. Lembrava de um ou dois amigos que tinha, e do rapaz que sempre cumprimentava na entrada da vila, e da mãe elogiando pela primeira vez seu corpo, e de Lúcio. Eram desses pequenos oásis em sua mente que tirava a força necessária para não sentir raiva quando descia do ônibus no terceiro ponto do centro e as vozes no coletivo entoavam como num coral sacro os insultos mais improváveis. Impossível não notar a criatividade deles. Todos os dias, todas as manhãs, sempre a mesma coisa, e os insultos não se repetiam jamais. Eram, de certo, criativos. Depois disso, no centro, caminhando rápido para não se atrasar um minuto sequer, ainda tinha que dar de cara com os olhares às vezes chocados, às vezes recriminatórios, às vezes piedosos, mas nunca indiferentes. Desde aquela tarde comum em que tomou a Decisão que nenhum dos olhares dirigidos a ela continham indiferença. Sempre um sentimento que em geral não doamos a quem nutrimos o mínimo de respeito. Medo, dó, reprovação, curiosidade: imersa nesses olhares, chegava ao trabalho. Enfim, seu território. A primeira batalha vencida, muito embora a guerra não tivesse dia para acabar. Rezava no banheiro enquanto retocava a maquiagem. Agradecia a Deus por ter sido benevolente mais uma vez. As mulheres da calçada, os meninos do ônibus, os anônimos da rua: todos eles, sem exceções, mereciam seu perdão. Após os agradecimentos, os pedidos. Uma casa melhor, paz no coração, cura à doença da mãe. Até pouco tempo, esses desejos incluíam um amor. Não mais. Todas as manhãs, Diva retocava o rímel aguado por seu choro seco e saía do banheiro sorrindo, já diante de sua primeira cliente. A segunda batalha.

Nascera João Batista de Araújo numa terça-feira de carnaval. Tocava Chiquinha Gonzaga na casa ao lado, onde o baile começava no sábado e findava na manhã de quarta-feira. Foi ao som de "Ó abre alas" que Maria Rita de Araújo deu à luz em meio aos urros comuns de um parto a fórceps. E não só isso: deu à luz uma luz. Posto que veio totalmente iluminado com seus finos louros um menino saudável e gritante, que intercalava com perfeição seus choros inaugurais aos acordes da marchinha da casa ao lado. Foi esta a primeira e única vez que Maria Rita sorriu ao ver um filho recém-nascido. João Batista trazia a luz consigo e o maior brilho dali era, sem dúvidas, das lágrimas de sua mãe. Que meio sem acreditar nessas promessas em momentos de crise, sabendo-se combalida e à flor da pele, disse o que seria quase uma sentença: Este vou amar como nunca amei ninguém. E foi assim, como nunca amou nem a si mesma, que Maria Rita soube baixar a cabeça e aceitar as surpresas do destino quando naquela tarde em que seu filho tomou a Decisão disse resignadamente: Eu te amo, minha filha.

Diva cortava cabelos. Homens, mulheres, crianças. As últimas eram suas preferidas. Porque não tinham as barbas ou os seios para cutucar o olhar dos outros com suas identidades. Crianças não são homens nem mulheres e esta ideia de incompletude dava abrigo a ela, como se não estivesse sozinha no mundo, um saber lá de dentro dizendo que se as coisas apertassem podia ir a uma creche e passar meia horinha entre os seus. Nunca o fez, é verdade, mas a possibilidade de fazer confortava. Caprichava nas crianças, dos cortes mais simples aos mais esdrúxulos. As mães adoravam. As risadas de Diva davam alegria ao ambiente. E era sim difícil acostumar-se ao fato de só ser aceita enquanto caricatura. Sim, das coisas mais difíceis - mais até do que aguentar os olhares na rua ou os gritos do ônibus. Diva resignava-se, como se resignou sua mãe na tarde da Decisão. Se era preciso ser exagerada e sempre engraçada e nunca carrancuda, então que fosse. Ao menos nesses momentos tinha a certeza de que alguém no mundo a aceitava. Mesmo que fosse mais uma vez de um jeito diferente do que era.

Pois era em verdade o quê?, pensava. Por dentro, na alma, nos sonhos, na forma de pensar. O quê? Não tinha seios, mas os quadris eram largos. Um corpo em trapézio com voz grave. O timbre quase tenor, mas as mãos tão delicadas. Era o quê? Adivinhava apenas seus anseios à guisa de qualquer resposta: desejava ardentemente um homem. Em suas noites de tevê e literatura, bebericando vinhos baratos e ouvindo as músicas que suas oportunidades lhe deram o prazer de conhecer, desejava um homem. E era justamente nesses momentos de solidão com gosto de uvas que lembrava de Lúcio e seus quinze anos, quando ela (ainda ele) tinha apenas treze, e ambos embaixo de uma goiabeira iniciaram-se no que mais tarde, carente, magoada, sozinha, Diva identificou ser amor. E como amou a Lúcio. No banheiro do colégio, no quarto estudando até tarde, uma vez não aguentaram esperar e foi ali mesmo, na sala da casa de Lúcio, o pai cochilando em frente à tevê e o amor vivendo sua puberdade por trás do sofá. Foi o pequeno Lúcio, transformado em homem aos dezessete, malas prontas para o serviço militar, que lhe partiu pela primeira vez o coração. Porque na despedida, trancados no quarto, como se o Rio de Janeiro fosse tão distante quanto a lua, Lúcio disse: Me esquece, isso é coisa de criança, somos homens. E João Batista já tinha uma Diva dentro de si, uma Diva que arranhava as paredes e pedia para nascer, uma Diva que se calou para João Batista não chorar na frente de Lúcio, mas que ardia em gritar que não é coisa de criança este tão grande sentir, eu te amo e amar não é coisa de criança, e não é porque foi com você que tudo começou, é ao contrário, ter começado tudo com você foi justamente porque te amo. Nada falou. Porque Lúcio nunca entenderia e porque dentro de João Batista essa força luminosa e loura chamada Diva ainda era um esboço de pensamento, uma fração do que é hoje, cortando cabelos depois de tantos anos trabalhando nas esquinas da zona baixa, fazendo faculdade de História depois de tantos anos sem saber sequer escrever o próprio nome, preparando-se para a Segunda Decisão. Que será hoje à tarde e que ela notou que vai acontecer num dia comum, de algumas nuvens no céu, não nublado tampouco céu de brigadeiro, um dia comum que justamente por ser comum é perfeito para grandes reviravoltas.

Lúcio foi embora e só muitos anos depois se reencontraram, ela numa esquina (minissaia, peruca ruiva, lantejoulas, bolsa vermelha combinando com os cílios postiços), ele dentro de um carro (farda da Marinha do Brasil, ar-condicionado no máximo, cabelos batidos na nuca, cheiro de alfazema). Reconheceram-se com um imediatismo impossível aos que não se procuram.

Cortando cabelos sem querer imergir em pensamentos saudosos, Diva ouviu o chamado de Esmeralda. Sempre lembrava de quando foi pedir emprego e agiu com uma sinceridade desconcertante ao dizer, Não sei nada, mas sei como aprender. Esmeralda, escondida por trás de uma escova definitiva que tentava domar desde as duas da tarde, perguntou, Como você vai aprender? E Diva sentou-se em frente a ela, olhar no olhar, ficaram assim até a cliente gritar que o secador estava queimando. Foi contratada. Mais: ela e Esmeralda, unidas naquele olhar de pouco mais de quarenta segundos, tornaram-se confidentes. Tanto que na copa, na hora do café, analisando Diva com o olhar por trás da xícara, Esmeralda quis saber, Você está certa disso? Certíssima, respondeu Diva, mas a patroa sabia que superlativos naquela boca diziam exatamente o contrário do que deveriam. Não é uma decisão que tenha volta, querida, você precisa entender que não é uma maquiagem ou uma escova, Não, não é, e eu sei disso, é a segunda grande decisão que tomo e será hoje. Não falou mais nada, mas por dentro sabia que seria como naquela tarde em que penteou os cabelos tal qual os da mãe, pintou o rosto, vestiu uma saia, uma miniblusa, depilou as pernas, o tórax, o rosto e abriu as portas para Diva. A mãe surpreendeu o que era seu filho lavando a louça e cantando sambas antigos. E não, não era o que a mãe gostaria de encontrar de um retorno ao bar da esquina para guinchar o marido. Mas foi assim. A Decisão havia sido tomada e daquela tarde em diante não existia mais João Batista de Araújo. Nascia Diva. Que enfrentou um pai bêbado arrastando seu corpo à vergonha da rua e teve de entender que não era a bebida, era seu pai mesmo, pouco importava estar alcoolizado ou não, ser expulsa de casa minutos após nascer era um destino que Diva compreendia como uma etapa de engrandecimento de sua alma e não como um castigo aos seus atos com Lúcio, embarcado para o Rio de Janeiro há pouco mais de dois meses. Ela entendeu. Perdoou o pai, que morreu cerca de três anos depois de uma obviedade chamada cirrose hepática. E perdoou o silêncio da mãe à mão pesada do marido quando disse que não queria voltar para casa, estava feliz na vila que morava, o fato de ser prostituta não era culpa dos pais, era contingência do destino, eu venho te visitar aos domingos, minha mãe. Num desses, o câncer de Maria Rita causou vômitos e desmaios. Nesta mesma semana, reencontrou Lúcio.

O carro cheirava a alfazema e ela sabia ser o perfume dele, que partiu às forças armadas dizendo que era melhor esquecê-lo, como se fosse corriqueiro dizer esqueça-me e ser atendido, e agora retornava com o mesmo perfume dos dezessete anos, alguns quilos a mais, a barba feita à perfeição transformando seu rosto moreno num tecido aveludado que era bom de tocar. E a aliança. Dourada, grossa, pesada, cintilando na mão esquerda enquanto ele fazia o retorno para entrar no Motel Spartacus. Diva engoliu a decepção, sorriu para Lúcio e foi se preparando para ser mais uma vez o homem de um homem casado. Era só isso que todos procuravam. Homens casados. Diva entrou no carro pensando ter reencontrado um homem que julgava diferente, mas nem precisou meia hora para perceber que Lúcio era como todos os outros: fantasias encruadas nos recônditos da mente, medo de falar sobre os próprios desejos, pressões da sociedade pelo padrão de comportamento, uma profissão que preza pela imagem, uma esposa bonita mas sem imaginação: eis aí o caldo que gerava o mercado responsável por seu salário. Ambos no quarto, pediu que ela ficasse mais natural. Tirou a peruca, soltou os cabelos, trocou as lantejoulas da roupa pelo robe do motel e sentou-se diante dele. Me conta como anda sua vida, ele pediu enquanto servia vinho. Conversaram por alguns minutos até que vieram os beijos. E que fosse só aquilo, desejava Diva, que não chegasse o momento de Lúcio ficar de bruços para mais uma vez ela ser o que sempre soube não: um homem. Não chegou. Lúcio, do contrário, sussurrou delicadamente em seu ouvido para ser do jeito que ele queria. Deixa eu ser teu homem, foi assim que ele falou, e ela não analisou a carga de clichê da frase, nem se a entonação utilizada denunciava um canastrão ou um homem sincero, nem se era um início ou apenas mais um momento. Diva apenas disse sim.

Passaram a se encontrar semanalmente. E semanalmente, conforme fez à primeira vez, não deixou que ele pagasse. Por favor, Lúcio, eu não me sinto bem, ela dizia jogando seus cachos louros para trás enquanto retocava a maquiagem no banheiro. Um dia Lúcio não fez o recorrente retorno para o Motel Spartacus. Pediu que ela indicasse a vila. Queria que se trocasse, pusesse algo mais discreto, fossem jantar em algum lugar, talvez até pegar um cinema. Diva não acreditou. Sorriu com escárnio, disse qualquer bobagem engraçada e, diante do silêncio do carro parado, voltou-se para ele. O olhar que encontrou era o de uma criança assustada sob uma goiabeira, os glóbulos saltitando com o nervosismo, as pupilas imensas e Lúcio dizendo, Vem logo, João Batista, vamos rápido antes que venha alguém, e João Batista dizendo, Eu tenho medo, Lúcio, se minha mãe descobrir me mata, e Lúcio dizendo, Ninguém vai saber, vai ser nosso segredo, e João Batista deitando-se ao lado do amigo, deslizando a mão pelo abdômen, pensando até onde aquilo tudo o levaria, e Lúcio com aqueles olhos de grandes pupilas sorrindo levemente quando tudo terminado e dizendo, Eu gostei, você gostou? Ali, dentro do carro, nervosos, saltitantes, inquietos, os olhos de Lúcio perguntavam a mesma coisa. Diva dirigiu o foco para as mãos dele e não havia dourado nem pesado nem grosso. Apenas a marca de sol no anelar esquerdo. Não disse mais nada. As mãos silenciosas guiaram o carro até a pequena vila. Um vestido preto, o cabelo preso, um salto baixo, pouco batom. Era a verdadeira Diva, discreta, feminina, suave.

Após aquela noite de massa ao funghi secchi, duas garrafas de frisante e uma esticadinha na boate mais próxima, em que conversaram sobre suas vidas e sobre seus futuros e sobre como os destinos que estão entrelaçados não se desvencilham jamais, Diva decidiu mudar. Saiu das ruas, procurou emprego, estudou pro vestibular. Era a primeira vez que namorava de verdade e só mesmo alguém que chega aos vinte e cinco anos sem nunca ter sido valorizado como um ser apto ao amor sabe a delícia que é ficar em casa num sábado à noite assistindo tevê.

Sem forças para mais insistir, Esmeralda convenceu-se. Quer dizer, um pouco menos que isso: desistiu. Deixou que Diva saísse mais cedo e pudesse pegar o ônibus à zona sul. Ali, tão perto do seu antigo ponto, imersa em memórias e desejos futuros, avistou o carro de Lúcio.

Caminhou devagar, forçando um jeito comum de mover os pés. Queria um dia comum, mas a Segunda Decisão insistia em sair dos padrões, passos apressados mesmo quando ela tentava acalmar-se, contando segundo por segundo que faltava para entrar na sala de cirurgia e ser Diva para sempre, esposa de Lúcio, tão mulher quanto qualquer outra. E era incrível como a medicina não conseguia extinguir o câncer da mãe, que morria mais e mais decrépita numa cama de hospital, mas conseguiria calar os meninos do ônibus e cegar as varredoras da vila e desviar a atenção dos anônimos da rua. Devolveria a Diva sua identidade por tantas e tantas vezes anulada dentro de um corpo que não era nem homem nem mulher.

O vento subiu delicadamente sua saia longa, revelando os joelhos que guardavam a cicatriz daquela tarde, da primeira Decisão, arrancada de casa porque a guerra do novo contra a ignorância é sempre marcada por profundas cicatrizes. Não seriam estas cicatrizes a prova de sua vitória?, ela pensou, Não seriam estas cicatrizes a prova de que sou alguém? Sem dores no peito, sem mágoas maiores, perdoando a tudo e todos, abraçou-se à alfazema que exalava de Lúcio e falou em seu ouvindo: Prefiro deixar as coisas como estão, meu amor. O namorado olhou para a fachada da clínica, voltou ao olhar de Diva e meio segundo de apreensão depois, falou: Topa um chopinho na praia, então?

Caminharam de mãos dadas, sem sentir vergonha do que sentiam, sem temer os olhares, sem se incomodar com o que eram. Isso é coisa de criança, meu amor, Diva disse quando Lúcio sugeriu girá-la no ar como num filme. É, Diva, isso é coisa de criança, ele respondeu. E giraram.

UM PONTOFINAL

– Eu sei o que estão pensando ou o que vão pensar, que não aguentei a pressão, que não fui capaz o suficiente de andar com minhas próprias pernas, e que eu sempre precisei de alguém me cobrindo com asas protetoras e quando me vi sozinho acabei trocando os pés pelas mãos, e que muita coisa, eu sei que estão pensando estas coisas, estas muitas coisas, o que posso fazer se as pessoas estão sempre pensando, concatenando, tentando adivinhar o que realmente aconteceu quando nem mesmo eu, que foi com quem realmente aconteceu, sei exatamente o que realmente aconteceu?, e me vejo assim, meio perdido, barco à deriva, sabe?, viajando a esmo, pensando no que estão pensando de mim, que fui apunhalado injustamente e justamente por quem todos avisaram que me apunhalaria, e agora sou este ser que ignorou a obviedade das coisas e tentou apostar numa porra de um sexto sentido inexistente, sexto sentido este que não serviu para nada além de transformar as óbvias punhaladas em acontecimentos surpreendentes, porque eu esperava no início ser traído como fui, mas fui relaxando, vendo que a punhalada não vinha, me sentindo cada vez mais em terreno seguro, quando era exatamente isto que queriam, que me sentisse seguro, baixasse a guarda, me descobrisse de cuidados, para que a punhalada pudesse doer, entende?, porque não teria graça dar uma punhalada pela frente, como cavaleiro corajoso que enfrenta os inimigos sem temer o próprio destino, não, não teria graça, tinha que ser pelas costas, de supetão, porque o ser humano busca o prazer em coisas mórbidas, em punhaladas pelas costas planejadas com requintes inigualáveis de crueldade que jamais foram imaginados nem pelos roteiristas das pseudoverídicas histórias policiais do Ratinho, ou do Linha Direta, ou do Cidade Alerta, ou daquele que fez muito sucesso e nem existe mais, mas que ficou gravado na memória de todo mundo porque foi o precursor desse tipo de "programa jornalístico", que apela pra uma dramaticidade indescritível dos fatos reais, transformando crimes de subúrbio em enredos de novela mexicana, como fizeram certo dia com o rapaz que matou a própria mãe e depois estuprou o cadáver, não a mãe, porque não era mais a mãe dele, e sim apenas um corpo, e ele justificou assim, tendo uma música de violinos em dó maior ao fundo, bem grave, transformando toda aquela barbárie em mais uma cena de Maria do Bairro, ou Topázio, ou qualquer outro dramalhão mexicano que, inexplicavelmente, recebe o nome de dramalhão mas é apenas um drama pequeno, um draminha, que se amplifica propositadamente para que pareça grande, mas que nunca vai realmente deixar de ser pequeno, mesmo recebendo o nome de dramalhão, mesmo tendo litros e mais litros de lágrimas derramadas, mesmo narrando casos que, se fossem reais, seriam grandes dramas, mas que são encarnados por atores tão ruins, tão inexpressivos, que acabam se tornando um pequeno drama, e o engraçado é que sem perceber a gente faz exatamente isso em nossas vidas, porque não existem grandes dramas na vida real, só existem pequenos, pequeninos eu diria, como o fato de a minha mãe gostar mais do meu irmão do que de mim, ou de o meu cachorro ter morrido por causa de uma doença degenerativa nos nervos, ou de eu ter sido reprovado no exame de volante por duas vezes, tudo drama pequeno, sempre parecem pequenos pra quem não os viveu, e sempre tornam quem os viveu, aos olhos dos outros, um fútil, um maricas, um suburbano que teima em transformar a própria vida num capítulo de Maria do Bairro, ou Topázio, ou qualquer outro dramalhão que, inexplicavelmente, recebe o nome de dramalhão mas é apenas um drama pequeno, como a traição que vivi, que também serve de exemplo, excelente exemplo eu diria, porque sei que cedo ou tarde vou acordar deste pesadelo que transforma a realidade nos momentos que sucedem um grande baque, e vou ver, depois de passados estes momentos, como minha dor é medíocre, e como eu tendo sempre a amplificar as minhas tragédias, e como eu sempre faço isso para chamar a atenção, porque sou carente, porque acho que minha mãe não gosta de mim, porque não estou preparado para grandes baques, mesmo vendo depois que não foram grandes baques, foram mínimos, e eu sei que vou ver isto, e sei que vou rir desta minha necessidade de sofrer em demasia e me transformar em Helena de Machado de Assis, ou em Peri de José de Alencar, ou, só pra ser mais contemporâneo, em algum personagem de Fernanda Young, que sofre e sofre e sofre e jamais se encontra, e o livro chega ao fim e a gente acaba sem saber se a pessoa encontrou um fim, como se o livro fosse apenas um flash rápido sobre alguns dias na vida daquele personagem, para que a gente tenha noção do que acontece quando se pega uma história pela metade e se completa as lacunas para que ela soe mais plausível e se deturpa (sem perceber) a história original e se pensa assim caralho vou mandar a pontuação às favas porque não preciso de vírgulas dois pontos ou travessões ou quem sabe interrogações e pontosfinais assim mesmo sem hífen porque hífen é sim pontuação e não quero pontuações para que compreendam o turbilhão de coisas que estou sentindo mesmo eu sabendo que não vão compreender que vão deturpar que vão ficar se perguntando o que realmente aconteceu comigo e com quem me traiu naqueles instantes em que ocorreu a traição em que meus olhos se arregalaram e não acreditaram no que estava acontecendo enquanto meu coração parecia pegar fogo e as extremidades do meu corpo estavam geladas todas elas as pontas dos dedos com suas unhas carcomidas suas cutículas malfeitas seus bifes inflamados e os pelos dos pés que recobrem meus tarsos e metatarsos que às vezes se prendem nas dobras internas dos tênis se eu estiver sem meias e se arrancam dolorosamente e a cabeça do meu cacete que mesmo fria quase congelada alcançando temperaturas andinas latejava e parecia se umedecer e parecia pronta pra jorrar uma golfada de gala bem leitosa parecia que ia explodir de tantos latejos e eu pensando que não fazia sentido estar excitado justo naquele momento tão crucial justo ali na hora em que minha vida sem exageros desabava e tudo foi ficando muito gelado meu cérebro pedindo insistindo implorando por uma vírgula que mudasse o sentido daquela frase que eu ouvia porque vírgulas mudam sentidos todos sabem disso eu aprendi isto na oitava série por isso meu coração pedia uma vírgula só uma virgulazinha naquela frase ou um ponto um pomposo pontofinal bem redondinho pretinho ínfimo um derradeiro pontofinal daqueles que parecem um cu um cuzinho bem apertado só um ponto para que toda a realidade se alterasse e eu pudesse rever as coisas de uma forma mais confortável às minhas retinas mas de repente não só as pontuaçoes mas tambem os acentos foram sumindo todos sumiram o agudo torrido o circunflexo concavo a crase que e um agudo as avessas o trema quase sempre inexequivel o til querido til tao lido tao lindo mas todos sumiram tornando as coisas cada vez mais dificeis de serem compreendidas e de serem escrevidas ah que se foda a gramatica quero escrever escrevidas e quem se importa se cometi um erro de portugues ninguem se importou quando fui apunhalado agora nao irao se importar com um erro crasso de portugues porque eu ja nao conseguia entender porra nenhuma do que estava acontecendo estando imerso no meu infinito desejo de pedir so uma virgula para mudar tudo aquilo e ele continuou ele meu inimigo nao ele um homem ele poderia ser homem ou mulher ou ambos ou nenhum que nao mudaria o que me fez nao mudaria a forma como diluiu completamente a minha realidade e fez com que ate meus textos perdessem o sentido veja so ate meus textos exatamente aquilo que mais valorizo em minha podre cabecinha de yuppie cheiracoca cafajeste logo meus textos foram atingidos fazendo tudo perder o nexo fazendo com que tudo se transformasse em algo assim ininteligivel sem pontuaçoes e sem acentos mas eu me recupero sei que me recupero sempre me recupero aos poucos vou ter de novo as virgulas, deliciosas virgulas, os travessoes – como amo travessoes – e quem sabe ate mesmo um par de aspas possam "reencarnar" no meu texto, e vou recuperar os acentos tambem, os agudos tórridos, os circunflexos côncavos, as crases que são agudos às avessas, o til, tão lido, tão lindo til, e os tremas quase sempre inexequíveis, e vou rir disso tudo, desse conto idiota que eu escrevi e que no fim das contas não conta nada, porra nenhuma!, mas diz muito, porque se você tiver um pouquinho de feeling vai tentar se colocar no meu lugar, mesmo sem saber o que realmente aconteceu comigo, e não vai ficar tentando completar lacunas, tentando adivinhar o que aconteceu para poder julgar se tenho razão ou não, ou se vale ou não a pena me apoiar, e eu, colega, eu vou torcer para que jamais aconteça o mesmo com você, porque sei que você não resistiria da maneira como eu sei que vou resistir, e terminando assim bem piegas, eu vou sobreviver, mesmo que não possa contar com seu apoio, já que, infelizmente, disso sei há tempos, as pessoas não conseguem apoiar causas que não entendem, é uma pena, mas infelizmente é assim, só que não me importo!, porque depois de tudo só uma coisa continuará faltando, me afetando com sua ausência, uma pequena coisa que poderia mudar o sentido de tudo, aquele cu preto e redondo e ínfimo que é o ponto-final, pois minha história começa agora, depois dessa traição, depois das lágrimas, depois de onde todos julgavam que era o fim, o meu fim, mas é bom que você saiba que a minha história não terá pontos-finais,

Este livro foi composto em tipologia Rotis Semi Serif,
corpo 11/16 em papel pólen bold 90g/m² e impresso na Unigráfica,
Natal/RN, em dezembro de 2016 para o selo Jovens Escribas.